U0330133

Risk and Acceptability

风险的接受

Acceptability

According to the Social Sciences

社会科学的视角

Mary Douglas

〔英〕**玛丽·道格拉斯** 著　熊畅 译

华东师范大学出版社

·上海·

图书在版编目（CIP）数据

风险的接受：社会科学的视角 /（英）玛丽·道格拉斯著；
熊畅译 . —上海：华东师范大学出版社，2022

ISBN 978-7-5760-2781-5

Ⅰ.①风… Ⅱ.①玛… ②熊…Ⅲ.①社会学—研究
Ⅳ.① C91

中国版本图书馆 CIP 数据核字（2022）第 053403 号

风险的接受：社会科学的视角

著　　者　　玛丽·道格拉斯
译　　者　　熊　畅
责任编辑　　顾晓清
审读编辑　　赵万芬
责任校对　　周爱慧　　时东明
封面设计　　周伟伟

出版发行　　华东师范大学出版社
社　　址　　上海市中山北路 3663 号　　邮编　200062
网　　址　　www.ecnupress.com.cn
邮购电话　　021－62869887
网　　店　　http://hdsdcbs.tmall.com/

印　刷　者　　苏州工业园区美柯乐制版印务有限责任公司
开　　本　　787×1092　32 开
印　　张　　7.25
字　　数　　117 千字
版　　次　　2022 年 6 月第一版
印　　次　　2022 年 6 月第一次
书　　号　　ISBN 978-7-5760-2781-5
定　　价　　59.80 元

出 版 人　　王　焰

目录

导　言

　　起初，我想撰写一篇有关风险感知的社会影响的文献综述。然而事实证明，要是以通常的文献综述形式来进行，这个任务将很难完成。当需要概括的工作内容广泛而又集中时，我们就得在一个单一的框架中关联讨论诸多外围领域与进展。在此情况下，我们会发现相关工作完全是在问题的外围领域开展，风险感知的社会影响这一核心议题则付之阙如。与此同时，有相当一部分重要的工作将风险感知视为个体的问题，而非社会现象。如果调查是从这个庞大领域的研究现状入手，所有的时间和注意力就会被从既定项目上移开，因为这一领域的研究实际压根还未成形。最好的策略似乎是，通过思考风险的可接受性，让焦点尽可能集中于社会因素上。随着题目改变，我们会发现把焦点放在这个议题指向的那些分散、特殊之处显然是必要的。对文化的忽视是那么习以为常与根深蒂固，似乎唯有社会科学界经历巨大的变革才能带来改变。

　　本书的主要内容已经严格地由书名描述。它与风险无关。对于那些想要了解当前所面临风险的人，我们建议无需再往下读。它也与风险管理无关，那些想要学习如何应对各种风险的人，也可以节省自己的时间，不用再读下去。本书阐述的是社会科学的各个领域如何处理感知，并且特别关注如何从社会科学领域出发探讨风险感知问题。

　　《洁净与危险》（Douglas，1966）提出的一种研究人类认知的人类学方法在本书中得到了发展。《洁净与危险》主张，人类关注特定的灾难模式，将其视为预兆或惩罚。在此基础上，人们对自然危险的看法，与对社会如何运作的看法总是相互调适的：奖励与惩罚寓于环境之中。《洁净与危险》获得了广泛的认可，除了那些谴责性保留意见——认定它的论点不适用于开明的西方社会。

　　1978年，时任罗素·塞奇基金会（Russell Sage Foundation）主席阿伦·威尔达夫斯基（Aaron Wildavsky）问我，是否人类学已经把文化分析的范围限定于部落民族与古代文明。我们现代人总是被排除在它的假设之外吗？他关心的是如何解读当代美国文化变革——对技术危险的新认识。能够与他合作完成《风险与文化》是一种荣幸（Douglas and Wildavsky，1982）。尽管这本书继承了涂尔干与莫斯令人尊敬的传统，但称职的评论家们有的说它新奇，有的说它离谱，而且都说它很难读懂。有鉴于此，似乎有必要审视眼下这股相悖而行的知识浪潮。毕竟，面对逆流，关于社会是如何影响认知的论述，力量实在太过渺小。也正因如此，本书有意进行文献综述。近距离检视后，我们会发现，并无浪潮，只有惰性；并无逆流，只余怯懦。

有时，学者的好奇心会停留在某些表述形式和问题上而忽略其他。当发生这种情况时，心理学家会一致认为这并非出于偶然。与感知有关的社会科学（包括历史、哲学、科学社会学和日常知识社会学）则会对这持续存在的信息隔阂相当感兴趣。由于不可能一次关注到所有事，我们可能会有一些随机的疏忽。然而，定期出现的遗忘更加耐人寻味。持续性目光短浅、选择性和容忍矛盾——与其说它们体现了感知的弱点，不如说它们体现了保护特定价值以及和它伴生的制度形式的强烈意愿。当前风险感知研究领域的断裂可谓一个范例。智力活动发生在历史中，没有任何一种认识论在当代文化的压力下保有特权。思想体系的隔阂与矛盾是极好的指南，它指引着我们寻找支撑并赋予这一体系生命的制度结构。

　　受社会影响，公众会选择性关注特定的风险，但认知与选择的专业讨论并没有持续地将这种社会影响理论化。不过，我们不能据此认为风险感知当真是私人化的，也不能坚持认为文化是静态的存在，从而将之排除出考虑范围。1969年以来巨大的文化变革正是问题所在。可信度的社会基础当然需要系统性研究，可是，由于个体感知者被假定是独自一人承担风险，现实与虚构、自然与文化之间借由文化建构的界限被认为是不言而喻的。所以风险感知研究仍旧停留在它们本被设定去超越的范围之内。

　　鉴于文化分析与认知科学之间缺乏联系，理论与证据发生冲突在所难免。也因为这一理论没有得到根本性调整，人们往往会援引非理性来保护理性那过于狭隘的定义。结果，无意识地强调感知病理学，以此取代了有关人类判断的社会学理论、文化理论和伦理学理论。

　　遗憾的是，我不能声称本书在付梓时是完备的，甚至不能说它是最前沿的。需要涉足的领域太过多样，这一课题似乎已经钻入了一条又一条死胡同。我期望本书所能实现的最好结果是，没有任何一种系统化的、社会学的感知方法被遗漏。

本书第一章列举了使风险感知成为重要政策问题的道德议题。哲学家们频频探讨冒险行为的正义性与道德性，却鲜少有人谈及特定的道德原则是如何影响风险感知的。第二章描述了一个新的风险感知研究分支学科的出现——它源于生态学、心理学与经济学。第三章探讨了研究风险感知问题的心理学方法，以及它忽视社会维度的倾向。第四章则探讨了风险在选择理论中的地位，后者是西方社会思想的主导范式。某种程度上，它在处理道德目的方面显示出的无能暴露了这一新分支学科的理论缺陷，而该学科正是旨在解释公众强烈的道德反应。从第一章到第四章，本书逐步远离现实社会，转而关注纯粹的理论。第五章是一个新的开始，它解释了道德判断是如何与风险感知相互联系的，甚至在我们身处的社会亦是如此。由此，第六章、第七章、第八章和第九章生发的主题是，如何在社会制度中对风险感知进行编码。本书可能的问题在于，构建思路的方法来自人类学，因而没有足够的专门知识来分析当代社会。

近年来，一批针对科学与社会科学的严厉批判逐渐涌现。它们揭露了许多残酷的、偏离调查方向的故事——这种偏离是出于研究者对专业利益与政治承诺的关注，甚至是纯粹出于他们扩张个人权力的需要。本书要讲述的故事完全不同于斯蒂芬·杰·古尔德（Stephen Jay Gould，1981）所写的利用生物决定论为种族优越论服务，也不同于伊蒂思·伊夫隆（Edith Efron，1984）所写的在致癌物研究中肆意歪曲毒性。一方面，这些都是毋庸置疑的骗局。另一方面，这种惯常的偏见与效忠何党派并无关系。这是一种根植于社会科学学科结构中的偏见，它有些像约瑟夫·古斯菲尔德（Joseph Gusfield，1981）指出的那样，将交通事故责任归咎给醉酒驾驶——这一倾向已经结构性地嵌入法律和保险行业。这些研究的批评意见提供了直截了当的道德教训：应当力求更完美的客观性。但就风险感知而言，这种偏见恰恰部分缘于对客观性强烈的追求，后者划出了一定领域界限——人们因害怕背弃它而不敢踏足入内。而它的失败则缘于胆怯，认为不可能建立客观的概念框架以涵盖心智与社会责任间的关系。有鉴于此，本书最终要旨并非抱怨，而是开启一种未曾被赐予过机会的风险感知研究方法。正如汤姆·内格尔（Tom Nagel，1980）说过的那样，因无法做到完善而放弃寻求心智上的客观理解，就像因数学公理无法完备 [1] 就放弃公理化一样。

---

[1] 译注：哥德尔不完备性定理指出，一个足够复杂的公理体系（至少蕴含了皮亚诺算术公理），如果它是一致的，那么它就是不完备的。

第一章 风险可接受性中的道德议题

概要：本章将指出涉及社会正义的风险议题，并思考风险可接受性课题对该议题的忽视。

　　每一个世代，社会科学都会有这个或那个分支被送上证人席，就那些严峻的问题——饥荒或经济衰退、战争或犯罪的原因接受质询。在过去十年甚至更长时间里，此类紧迫的问题一直与新兴技术风险有关。西方工业国家的恐惧与良知已经被核辐射、化学废料、石棉和铅中毒唤醒。作为回应，社会科学诞生了一门重要的新兴分支学科来专门处理业界和政府就风险的公众感知（public perception）提出的问题（见表1）。

　　任何风险政策的公众接受程度都取决于公众之于正义的标准化观念。通常认为，是公平问题在指引着人们对风险的感知。制度越是依赖个人的承诺而不是威压和强制，它们所受的公平性监督就越明确。如果工人认为自己遭到了剥削，工作场所中可接受风险阈值就会降低。如果医务人员被怀疑存在渎职行为，那么人们的医疗风险意识就会提高。至于更强烈的风险敏感性（sensitivity）是否会让个体更谨慎地规避风险，又是另一回事。

表 1　风险感知研究的增长

日期	I. 研究机构		
	机构	负责人
1969 年	美国国家科学基金会技术评估与风险分析小组，华盛顿哥伦比亚特区西北区 G 街道 1800 号，20550（NSF Technology Assessment and Risk Analysis Group, 1800 G Street N.W. Washington, DC 20550）	约书亚·门克斯（Joshua Menkes）
20 世纪 70 年代早期	国际应用系统分析研究所风险分析小组，奥地利拉克森堡，2361（International Institute for Applied Systems Analysis Risk Group 2361 Laxemburg, Austria）	霍华德·昆鲁斯（Howard Kunreuther）
1976 年	决策研究所，俄勒冈州尤金市橡树街 1201 号，97401（Decision Research 1201 Oak Street Eugene, OR 97401）	罗伯特·凯特（Robert Kates）罗杰·卡斯帕森（Roger Kasperson）

续表

日 期	I. 研究机构		负 责 人
	机构		
1978—1979 年	华盛顿哥伦比亚特区美国大学风险分析研究所，20016 (Institute for Risk Analysis American University Washington, DC 20016)		威廉·罗韦 (William Rowe)
1979 年	国家研究委员会，华盛顿哥伦比亚特区西北区宪法大道 2101 号，20418 (National Research Council 2101 Constitution Avenue N.W. Washington, DC 20418)		
	美国马里兰大学帕克分校哲学与公共政策中心，马里兰州，20742 (Center for Philosophy and Public Policy University of Maryland College Park, Maryland 20742)		道格拉斯·麦克莱恩 (Douglas MacLean)

续表

I. 研究机构

日期	机构	负责人
1980 年	哈德逊研究所，弗吉尼亚州阿林顿县威尔逊大道 1500 号 810 室，22209（Hudson Institute 1500 Wilson Boulevard, Suite 810 Arlington, VA 22209）	马克斯·辛格（Max Singer）
	橡树岭国家实验室风险分析学会，田纳西州橡树岭，37830（Society for Risk Analysis Oak Ridge National Laboratory Oak Ridge, TN 37830）	罗伯特·B·卡明（Robert B. Cumming）
1981 年	英属哥伦比亚大学生态资源研究所，加拿大英属哥伦比亚省温哥华市（Institute of Resource Ecology University of British Columbia Vancouver, B.C., Canada）	C. S. 霍林（C. S. Holling）

续表

I. 研究机构		
日期	机构	负责人
1981 年	欧洲共同体委员会联合研究中心系统分析和技术评估司，意大利伊斯普拉（瓦雷泽），I-21020 (Technology Assessment Section System Analysis Division Joint Research Center Commission of the European Communities 1– 21020 Ispra (Varese), Italy)	哈利·奥特威 (Harry Otway)
	技术与政策研究中心，荷兰阿珀尔多伦 (Center for Technology and Policy Studies P.O. Box 541, 7300 AM Apeldoom, Holland)	P. J. M. 史达林 (P. J. M. Stallen)

II. 会议				
日期	组织方	赞助方	会议标题	负责人
1980 年 5 月	纽约冷泉港实验室班布里奇中心，11724	美国环境保护署国际生命科学研究所埃克森基金会	产品标签与健康风险	路易斯·A. 莫里斯 (Louis A. Morris)

续表

II. 会议

日期	组织方	赞助方	会议标题	负责人
1980 年 5 月	Banbury Center,Cold Spring Harbor Labs Cold Spring Harbor,N.Y.11724	（EPA, Exxon Foundation, International Life Sciences Institute）	（Product Labeling and Health Risk）	迈克尔·B.玛兹（Michael B. Mazis）伊凡·巴洛夫斯基（Ivan Barofsky）
1980 年 10 月	俄勒冈决策研究中心，俄勒冈州尤金市（Oregon Decision Research Center Eugene,Oregon）	海军研究局（Office of Naval Research）	风险感知研讨会（Risk Perception Workshop）	保罗·斯洛维奇（Paul Slovic）
1981 年 4 月 22—24 日	科学应用公司，加利福尼亚州沃森维尔（Science Application, Inc. Watsonville, California）	电能研究所（Electric Power Research Institute）	风险的公共感知（Public Perception of Risk）	肯尼斯·阿罗（Kenneth Arrow）

续表

日　期	组织方	赞助方	会议标题	负责人
		II. 会议		
1981 年 6 月 1—3 日	风险分析学会，马里兰州贝塞斯达 (Society for Risk Analysis Bethesda, Maryland)	美国环境保护署核管理委员会；艾尔弗·斯隆基金会；毒理学与环境健康委员会，行为和社会科学大会，美国国家科学院/国家科学研究中心；世界卫生组织 (Alfred P.Sloan Foundation, EPANuclear Regulatory Commission, Board on Toxicology and Environmental Health, Assembly for Behavioral and Social Sciences,NAS/NRS,World Health Organization)	实质风险与感知风险分析国际研讨会 (International Workshop on the Analysis of actual Versus Perceived Risks)	诺顿·纳尔逊 (Norton Nelson)

续表

II. 会议

日期	组织方	赞助方	会议标题	负责人
1981 年 6 月 22—26 日	国际应用系统分析研究所，奥地利拉克森堡 (International Institute for Applied Systems Analysis Laxmebury,Austria)	国际应用系统分析研究所 (IIASA)	决策过程与风险的制度性方面 (Decision Processes and Institutional Aspects of Risk)	霍华德·昆路德 (Howard Kunreuther)
1981 年 6 月 22—26 日	英属哥伦比亚大学，加拿大英属哥伦比亚省温哥华市 (University of British Columbia Vancouver, B. C, Canada)	英属哥伦比亚大学 (University of British Columbia)	采纳行为与惊奇动力（研究）(Adoptive behavior and the Dynamic of Surprise)	C. S. 霍林 (C. S. Holling)

续表

II. 会议

日期	组织方	赞助方	会议标题	负责人
1981 年 9 月	加利福尼亚大学伯克利分校（University of California Berkeley, California）	美国国家科学基金会（NSF）	技术取向评估（Assessment of Orientation Toward Technology）	肯尼斯 H. 克雷克（Kenneth H. Craik）
1982 年 6 月 15—17 日	风险分析学会，弗吉尼亚州阿林顿县（Society for Risk Analysis, Arlington, Virginia）	美国环境保护署能源部核管理委员会（Nuclear Regulatory Commission, EPA Department of Energy）	低概率 / 高后果风险分析研讨会（Workshop on Low Probability/ High consequence Risk-Analysis）	文森特·科维罗雷·沃克勒（Vincent Covelloray Walkler）

续表

II. 会议

日期	组织方	赞助方	会议标题	负责人
1983 年 7 月 27—29 日	纽约市纽约大学公共管理研究生院 (New York University Graduate School of Public Administration New York, New York)		环境健康保护中的风险管理暑期研习班 (Summer Institute in Risk Management in Environment Health Protection)	瑞伊·齐默尔曼 (Rae Zimmerman)

"作为公平的正义"（justice as fairness）——这一罗尔斯（Rawls，1971）提出的概念是其道德哲学的基础，它允许公平的概念在文化与社会上存在差别。不过这些差别会影响人们对风险的感知。此外，价值观的差别也对应着多种可能的组织差别。塞尔斯尼克（Selsnick，1969）发现，公平对非熟练体力劳动者来说是一回事（公平意味着人人享有平等的待遇），而对文职人员、专业人士和管理干部来说又是另一回事（公平意味着个人能力受到公正的肯定）。对于具有高度归属性（ascriptive）的体制，"作为平等的公平"（fairness as equality）似乎是恰当的，因为它不存在个人晋升的机会，遑论来自集体谈判的些许期望；对于面临晋升机遇的人，"作为回报的公正"（fairness as rewards）则很有吸引力。如果"想要预测人们对反对核能抱有什么态度，最好就看他们是否坚信美国社会是不公正的"（Rothman and Lichter，1982）这种说法正确，那么这一点便很重要。

一些专业分析认为，现有风险分配意味着一个公认的分配正义规范维系着社会的道德体系。社区中发病率和死亡率较高的那一部分人群可能不太愿意深入思考自身面临的不平等。然而对其他人来说，要是大部分人所面临的风险比财富前百分之十的人所面临的要高得多，他们就会认为这个社会是不公平的。

贫穷者风险益盛

只消粗略地瞥上一眼美国的劳工与卫生统计数据，我们就会发现，当低于某一水平时，个人的收入与其所面临的绝大多数风险具有良好的相关性。随着收入增加，受慢性疾病困扰而无法继续从事主要活动的人群占比逐渐减小。1976—1977 年，收入因素对个体活动受限造成的影响已经远胜于种族因素，不过 1977 年的数据也显示，对于 80 岁以下所有年龄段，处于弱势地位的少数族裔死亡率均高于白人（U.S. Department of Health and Human Services，1980a：2）。统计报告还表明，每 100 名现有蓝领工人中就有 40.6 人受过伤。蓝领工人平均工伤率为 21%，农场工人为 19.89%，与之相比，白领工人仅为 5.1%。至于那些收入低于 1 万美元的人群，其面临的现实更是糟糕（U.S. Department of Health and Human Services，1980b）。

情况尤有可能雪上加霜。过度暴露在铅中毒环境中对贫困家庭的儿童而言特别危险（这些铅主要来自汽车尾气，还有 20 世纪 40 年代以前使用的家居涂料，缺乏铁元素和营养不良也让情况更加严重）(U.S. Department of Health and Human Services，1983)。同样，对于那些工作环境中充满吸入性刺激物的人群，譬如整日劳作于工厂尘雾中的工人来说，吸入烟尘对其造成的影响也会急剧增大。

鉴于当前的风险分配仅仅反映了权力与地位分配，正义议题提出了根本性政治问题。有句话说得好："在'风险－收益均衡是合理的'这一基本假设引发的政治困境面前，风险分析的技术问题显得如此苍白无力。"(Fischhoff et al.，1980：137) 当我们可以通过把某项危险的工业迁移到人迹罕至之处来避免对更广大人群造成更大危害时，基本伦理问题就出现了。的确，在零散分布着印第安人的荒漠里，会受到伤害的人要少得多。可是我们有什么理由要求美国西南部的印第安人——他们在经济和健康方面本就处于弱势地位——乐意为了"最大幸福原则"而做出牺牲？同命是否应当同价？赔偿金是否应当与收入能力相关联？年轻人的生命是否应当比老年人更重要，因为他们本还有大把年华可以去赚钱，如今却已生生截断？对于这些问题，收入能力原则与平等性之间存在显著的矛盾。直觉上，应该让那些从基础就带有不公平意味的人承担更多风险。雇主对员工承担的责任包括事故预防、职业风险信息告知以及确保受害人获得适当的赔偿。那么，他的责任应当如何与成本相权衡？是应该依靠他的良知来决定，还是应该从上述考虑出发？这些问题的答案关乎政治、经济，以及影响着公众容忍限度的道德压力。

风险的可接受性这个问题不仅关乎自由，也关乎正义。想想工人们的选择：如果有风险的工作会配备危险津贴，那么他们能否自行判断自己应该承担什么风险，还是应该受到监管？个人的自由在自由民主制度下存在争议。涉及危险津贴的问题，我们并不清楚更具风险的工作是否真的得到了最高等级的赔偿（Graham and Shakow，1981）。赔偿费率通常建立在预期收入基础上，可是对于预期伤害呢？在美国，非白人看上去似乎比白人更有可能在工作中受伤。从就医情况得出的统计数据显示，非白人所报告的伤害比率较低，但其中身体创伤所占比重较大。这意味着非白人不会为了轻伤就去就医找麻烦，只有遭遇足以丧失行动能力的重大伤病时，他们才会光顾医院（U.S. Department of Health，Education and Welfare，1979）。如果一个社区曾经勇敢地接受了开采煤矿带来的危险，而今又正蒙受失业的痛苦，当它把液化天然气当作收入和养老金来源时，谁又能告诫它不要把天然气生产基地建在附近呢？或者，如果一个社区依照常规程序投票表决，拒绝或者犹豫在社区内建设核电站，那么收买反对派的提议会引发怎样的伦理状况？什么样的社区福利设施可以被用来弥补风险？在讨价还价中，承诺的利益会比风险维持更长时间吗？社区拥有让其后代承担高度风险的固有权利（inherent right）吗？争论者依持的伦理学理论对此莫衷一是。

后代的权利

对于那些将伦理诉求诉诸于火星人、金星人、地球上的奇异种族以及尚未出生的后代的努力，戈尔丁（Golding，1972）嗤之以鼻："要是一个人难以想见他需要对自己未出生的孩子尽什么义务，那他应该也很难想见他对五十代以后的人类（类人类？）社会负有义务。"施瓦茨也认为，我们不能通过诉诸于遥远的、无法辨识的个体福利来判断那些让后代受惠的长期福利政策的合理性：伦理上的反对之举必定要有牺牲者（Schwartz，1979）。劳特立则站在未来人的立场上对此进行了反驳（Routley，1979）。

系统思考分配正义面临广泛的失败，这根植于西方社会学思想的概念体系中最负盛名的部分。当经济学家意识到完全主观化的效用理论给予他们的分析工具无法处理绝对的或者客观的对错时，他们似乎可以长舒一口气。这些经济学家的论题只涉及个体的偏好排序，因而不再涉足政治范畴。看起来比较工具似乎实现了精密科学的价值中立。人们花了一些时间才接受了无法再探讨分配正义的代价，但当莱昂内尔·罗宾斯（Lionel Robbins）明确宣布这一点时，据说整个议题都被悄然放弃了。"罗宾斯（1932）等人对人际可比性（interpersonal comparability）的抨击并没有区分部分可比性和单元的总可比性，其后果是在福利经济学的正统研究中实质消除了分配问题……"（Sen，1970：99-100）。如果我们没有一种智性上可敬的、讨论正义的方法，也就无法再去探讨风险的可接受性，因为绝大多数与风险有关的政策议题，都会引发严重的正义问题。

然而，在风险可接受性问题上著书立说的学者们，往往满足于对道德议题敷衍的称赞，或是将伦理问题罗列一番。

向道德原则致敬

费斯科霍夫等人（Fischhoff et al.，1980）强调了价值观念对可接受性的影响："为解决风险的可接受性问题而寻找一种'客观的方法'，这不仅注定要失败，还可能让搜寻者对他们富有价值取向的假设视而不见……每种方法不仅都无法给出确切的答案，而且还潜藏着代表特定利益、推定出特定解决方案的倾向。因此，方法的选择是一种政治决策，它传递了明确的信息：谁应该统治；什么应该是重要的……在许多可接受风险的决策里，如何对问题进行定义是其控制因素。"他们建议明确分析方法的局限性，促进对现有民主体制下风险问题的思考，澄清政府干预，并强化控制风险的社会机制。尽管这个团队为政策制定者提供了完美的建议，然而却无法将他们的主题——风险的可接受性——纳入他们所讨论的任何方法的分析范围。价值的客观性是不可能的。

卡斯帕森（Kapserson，1980）曾就废物管理问题给出过一份优秀的预备清单，其中囊括了官方与非官方的伦理声明。麦克莱恩（MacLean，1982）没有把重点放在正义与公平的概念上，他更偏向将同意（consent）的概念视为一项原则，用以证明强制施加风险的集中式决策是正当的。麦克莱恩认为他的概念——同意与理性之间存在内在的联系："在这个连续体的一端，同意是生动的、实际的和明确的，而理性对于理解这种同意的规范效力尽管有所作用，但是微乎其微。当我们走向连续体的另一端，同意就变得更不明确，更为间接，甚至完全是假定的。而理性的概念相应地变得更加丰富，承担起更为重要的规范作用。"麦克莱恩质疑了"公正、权利或者效率"作为证明集中式决策正当性的原则的有效性。

但是，正义不应该脱离认识论。当一门理论学科（本例中是理性行为理论）已经生成了强大的分析技术，该技术又反过来支持当代社会赖以支撑的复杂管理机制时，后人很有可能会将之视为造成当前智识上僵局的根由。人们很难抵抗社会规范灌输的偏见。单独批评理性选择理论的局限性毫无用处：它在我们的制度中深根固柢。任何改善都必须在它现有的基础上循序渐进。无怪乎风险感知研究回避了深层次议题。

关乎风险和正义的对话往往以两种语言进行：传统的英语修辞代表着规章制度，而数学语言（mathematical language）则代表着自由选择的原则。这使人想起中世纪的法庭——本地原告在庭上使用他们的方言提出诉求，回应他们的却是粗陋蹩脚的拉丁语（Dog Latin）。类似情况也发生在医疗实践里，医生对同事讲一种语言，对患者却是讲另一种。这是职业化的必然结果吗？它带有强迫的成分吗？那些谴责统治阶级文化霸权的人会怀疑，一种晦涩而又僵硬的分析工具被用来控制有关风险的论述。另一方面，理性选择哲学家声称他们使用了中立、客观的概念图示，凭借纯粹的理性力量解决问题。但是，如果概念工具是客观中立的，那么它的使用是如何造就了这些系统的感知差距（perceptual gaps）呢？

通过归类案件和揭示潜在的原则，一项新的法学调查可能会对社会理论的失败之处有所帮助。卡拉布雷西（Calabresi，1970）在事故管理法方面非常成功地做到了这一点，他用成本效率的中性原则重组了整个领域。不过，通过测试成本效率来组织风险分配的原则也会是非常巧妙的——这也许会是哲学上的重大胜利，但多半不可能，因为成本只能在固定的估值方案中使用，而可接受风险的问题恰恰在于估值原则本身，也就是说，在于文化。

社会正义兼具三个原则：需要、报应（deserts）和公平（equity），每一项原则都与其他原则多少有些冲突。真实的社会运用制度性惯例来达成它特有的和解。人的需要是由社会标准设置的；为人的需求设定某种阈值、且不允许任何社会成员的需求低于该阈值——如此原则可能会引发重新分配。正因如此，人们可能会为了满足他人的需要，违背报应原则——给予应得者恰当的回报；如果连穷人也没有资格获得回报，那么公平原则也就不过是勉强为之。这些社会生活的根本原则无法调和，除非通过已经在制度中被奉为圭臬、无法直接查询到的假设。停止用抽象的理性捍卫道德原则会使我们的努力更加成熟，同时也是认真对待休谟的道德理论的一大进步（1739，1751）。如果像他说的那样，正义是人为之德（virtue），我们就应当系统地研究构成正义的社会习俗。

　　查尔斯·弗里德（Charles Fried）的《价值剖析》（1970）是发展基于风险的道德理论最有意思的尝试。他详尽阐述了一个康德式的通用框架，该框架尊重个人权利以便把一个时间跨度包含进去——假定在此时间跨度内，每个个体都在实践着自己人生的道德项目。想想看，他想要成为什么样的个体，他希望他的人生计划达到何种程度的理性自洽，他知道要实现这个计划他必须克服什么样的风险，特别是计划最终还包含他对自己死亡的某种预期——可以说，个体拥有属于自己的风险预算。在与他人互动中，个体寄希望于共同的风险池——当他的行为让别人面临危险，每个人都难逃身陷其中的命运。任何一个社会都有相互问责、审判和惩罚的规则，它们依据这样的原则运作：个人是否为了获取更多的权力而让他人面临风险，而不是准备接受自己的风险预算兑现。风险池是项杰出的创新，它将风险和道德哲学置于同一富有社会学意义的话语框架内。此外，在讨论风险规避时，它还提示了我们如何用同一项分析同时囊括风险的社会概率评价与风险的物理概率评价。与其问你能接受多大的风险，不如泛泛而问——你想要什么样的社会？

如果能够对特定的社会做具体说明，并且能够意识到每个类型的社会都有为其量身打造的伦理体系，那么风险的议题就能更加细致地把各种类型的风险与各种类别的风险人群区分开来。

如果把成本－效益分析加诸于不同伦理体系，我们会得到大相径庭的结果。为了找到成本－效益分析的伦理基础，一项巧妙的尝试确立了四种严密的伦理体系以做出规范的定量分析（Ben-David et al.，1979；Schulze and Kneeze，1981）。功利主义哲学主张"为最多数人谋取最大的利益"。如果将其转译为社会决策规则，那就是要求政府采取行动使社会的整体效用最大化。平等主义（egalitarian）体制主张，社会的幸福是由其中最贫困者的幸福来衡量的，这种观念会导致完全平等的效用分配（Rawls，1971）。而它的标准会强调基于需求的平等。完全精英主义的体制是以其中最富有者的幸福来衡量社会的幸福的。功绩（merit）的概念可以是精英论的，经济生产力可以用作合理化既定的社会精英的标准。

发生在 1979 年夏天的汽油短缺促使加利福尼亚州参议员早川（Hayakawa）发表评论说："重要的是，有大量的穷人是不需要汽油的，因为他们并不工作。"……显然，让 B 活着来服务 A 是更好的选择，也就是说，为 A 的幸福做贡献。……因此，B 通常需要维持生计……同样，如果我们有两代后人，那么对第一代人而言，为了让下一代过得更好而竭尽所能储蓄很可能就是"最好的"。这种态度在美国移民对孩子的重视上体现得淋漓尽致（Schulze and Kneeze，1981）。

最后，自由主义伦理体系是一个混合体，体现在"以不妨害他人为前提、优先考虑个人自由"的原则中（见 Nozick，1974）。这些类型间基本的区别在于强调个人权利（平等主义、自由主义）比之强调整体利益（功利主义哲学和精英主义）。

如果有人怀疑支持这种或那种伦理教义很大程度上取决于群体承诺的力量和社会分化程度，那就让他去读一读杰拉德·马尔斯（Gerald Mars）的《工作中的欺骗》（1982）。在他对职业犯罪的分析里，非法获利的机会恰好包含在人们对每种职业定位（niche）的描述中。比如，当一个相互依赖的职业团队内部发生分化，这种职业就容易出现被马尔斯称作"狼群"的作弊模式。要是不幸的患者选择了这样的疗养院，或者倒霉的旅客选择了这样的旅馆，他们就得吃些苦头——他们会彻底沦为在井然有序的队伍间奔波的"精英哲学家们"（从行李员和酒吧招待到客房女服务员和旅馆经理）的牺牲品。当工作团体允许个人自由地为自己的利益服务，在没有监督的情况下，人们就得当心"鹰派"犯罪，比如把物资从预定的目的地转移到机会主义者发现更有利可图的地方。每一种情况都表明，工作者的标准化和共同的道德感知密切回应着个体在可能的主动性（initiatives）结构内对个人自利（self-interest）理性的计算。

　　令人惊讶的是，社会科学文献中很少有分析寻求系统地看待伦理原则和社会环境之间的关系。这一主题还有另一种创新方法，那就是威廉·托里（William Torry，1982）的分析——分配正义观念在正常时间与类似饥荒这样的长期危机之间发生转变。既然我们开始意识到自身牵连着彼此对风险的感知，就迫切需要了解特定的道德体系和它所支持的社会秩序之间的联系。一旦你选择了巨大风险，你也就选择了你的船员和乘客，并对如何安排救生艇拥有了发言权。

　　概率论在 20 世纪思想中还未完全占据主导地位。概率分析目前虽然已被广泛使用，但只起着辅助作用：它被当作社会科学机器人式的仆人。它提供了一种通过组合和分析数据来解决问题的方法。它也还未像在自然科学中那样，选择问题或者设置问题的界限。不过它正在逐渐确立自己独立的权威基础。一件件曾经彼此分离的危险现在被一并作为风险处理，不再分解为单独的要素。相反，对于风险感知的新认识将为主流社会学思想提供一个理论框架。要想知道这样一种新的包容性结构可能会是什么样，我们需要将之回溯到哲学和规律论的历史中。哈金（Hacking，1975）曾这样说炼金术士：

人们相信世界是按其第一性的质（primary qualities）运作的，但他们只能够试验第二性的质（secondary qualities）。人们仍然相信，使一切顺利进行的第一性的质之间存在着真正的、必要的联系。请原谅我过于粗略的描述：波义耳第一次成功地超越现象本身、深入到现象背后，却没有发现任何经院哲学上的"因"（causes）……没有看到必要的（因果）联系……在我们希望能够找到原因和理性论证的地方，我们只找到了恒常连接（constant conjunctions）和法则般的规律。（pp. 182–183）

风险感知研究仍处于寻找原因阶段。尽管自然科学在 17 世纪初叶就采用了新的话语模式，哲学却落在了后头。笛卡尔仍旧致力于寻求独立的先验知识基础，好为伽利略和他自己打造一个可靠的世界。他出场得太早了；不久之后，伴随着众多科学知识以概率为基础，"休谟已经成为可能"（Foucault，1970）。但是，社会行为研究还没有被完全置于这种庇护之下。休谟提出了一种概率方法，既可用于道德判断，也可用于自然现象的感知。风险可接受性这一主题本身固有的方法论问题可能会推动所谓的社会科学在 20 世纪这个阶段无所禁忌。

概率论最终将改变引导着当前风险感知研究的理性行为假设。所需探讨的概率既包括理性人对其同伴（亦为理性人）可能反应的预期，也包括将这类预期转换为以约定的形式作为标志的稳定习俗的可能性。换言之，态度的概率化，以及不同理性人根据他们正在努力营造的社会环境而采用的道德价值等级的概率化，将共同演生出一个系统的文化维度。这是提出有关民主的核心问题的根本方法，比仅仅将之看作因个人偶然情况而产生意见分歧或者品味差异更为根本。麦克·汤普森（Michael Thompson，1982，1983）

分析了人们对待能源风险的道德态度，并指出它们产生于同一社群内不同的社会（因而也是文化的）经历。他指出了人们如果认可差异是合法的话，将会如何构建灵活可调的当地政策基本原则。社会结构及其道德基础将成为概率分析的一部分。

思考影响风险感知的社会因素错误的方法是将之看作模糊了望远镜镜头并让真实图像失真的污点。这个比喻证明否定的方法是有道理的。但由此而被摒除的社会视角包括我们对想要生活的社会类型做出的道德判断。为什么要草率地将它们置之不理呢？把这种图像变换看作改进而非失真，或许能实现更好的分析：在社会的评定中引入风险评估，正是"对焦"更为锐利的结果。

第二章 一个新分支学科的诞生

概要：本章将介绍公众对技术风险的关注，后者将众多学科导向了公众的风险容忍度这一主题。本章将追溯一个新分支学科的源起。

历史学家和科学哲学家总是对新生思想的起源兴致勃勃，风险感知领域恰好给他们提供了一个有趣的当代案例。1969 年，昌西·斯塔尔（Chauncey Starr）在《科学》杂志上发表了《社会效益与技术风险》一文，激起了一场论战，催生了新的分支学科。论战促使人们去召开一场又一场会议，会议又促使人们去创建研究所和创办期刊。于是，一个崭新的专业和大量相关文献迅速随之出现。这个新的分支学科不仅仅是一个界定分明的历史实体，它的限制性假设和研究方法偏好还为它装备了结构，并且增强了它的内部沟通渠道。正如其他任何学科一样，它也自带屏蔽装置，排斥与现有知识不相容的方法和信息。

20 世纪 50 年代，核能界和电力行业尚且可以指望，因为给世界创造了带来生产力、财富和健康的新能源，它们会获得感激。等到 60 年代，公众对它们的批评声日益高涨，阐述清晰、充满敌意。政府意识到自己在制定政策时进退维谷，业界则企图为自身辩白，为此，它们都想了解公众对风险究竟抱有怎样的态度。

风险的定义

随着风险感知研究这一特定学科的发展，风险的定义自然也备受争议。联合国曾就化学制品的毒性评估问题推荐了两种不同的定义：（a）聚焦于纯概率的性质；（b）聚焦于效用的性质。

（a）"风险是一个统计学概念，联合国人类环境会议筹备委员会将其定义为因暴露于污染物之下而产生不良影响的预期发生率"（World Health Organization，1978：19）。这里并未试图界定危害的程度。

（b）"该议题的绝大多数文献均始于这样一个论点：风险（R）可以表示成为事件概率（P）与危害程度（H）的某种乘积，或曰 R=P×H"（Campbell，1980）。这个公式牵涉到收益，因为它将安全视作对某种程度的风险可接受性的度量。

这两种定义会对政策产生不同的影响。第一个定义只关注出现坏结果的大致频率，因此决策者不必为比较危害与收益而感到烦恼，并且，有人声称它能明智地回避效用计算那种自命科学的标榜。有趣的是，哪怕人们在有些地方有意识地将"风险-收益"与成本-收益分析相提并论，"风险仅仅意指危害的概率"这一观点依旧广泛流传。

什么是合理的风险？什么是可接受的风险等级？美国公众惧怕风险吗？这种惧怕风险的新形象究竟如何与旧时美国最受青睐的那种企业家依靠冒险发迹的生活方式相符？普罗大众对风险的认知是否与专家存在差异？如是，则如何减少它？蛮横的工业家与恐慌的民众之间的对抗有多新奇？这些问题呼应着布莱克对19世纪残暴的磨坊主们猛烈的抨击。假如这种视角做出了正确的类比，那么严格的监管措施自然很恰当。但是监管所需成本高昂，安全措施也是如此。问题随之拓展到安全生产成本的分配，并提升至经济增长的普遍利弊层面。然而，工业发展永远伴随着生命与身体上的危险，危险的苗头此消彼长：石棉原本是拦截火势、阻止火灾损失的伟大发现，铅则是用来稳定供水的手段。或许，拒绝经济增长才是正确的解决之道。要是整个国家同心同德，那么政府的任务就会更加明确：公众教育必须缩小分歧。早期民调显示，蓝领工人大多支持核能用于和平目的。这是否意味着他们应当受教于一个家长式的政府，好让他们不再鼠目寸光？美国官方的劳工运动正是在此问题上存在分歧。那些忧心环境的人最初曾被视为热衷于维护自己山间度假不受影响的中产阶级精英，或者是热衷于自家后院的乡村人士。

公众的风险意识

尽管有相当多的民意调查和其他研究曾论证过公众的风险意识，然而结果几无定论。其中评论最一致的是米切尔为未来资源[①]所做的调查（Mitchell，1979）。据其调查，1974 年至 1976 年，环保游说群体与其他人群略有不同，他们年龄更小，收入、教育水平及职业地位更高。此外，环保组织成员（只占大众中一小部分）要比群体规模更大的环保支持者在这些方面更多地表现出差异（Mitchell，1979，1980b；Logan and Nelkin，1980）。此外，在反核能运动中，女性支持者远

①　译注：未来资源（Resources for the Future）是一家独立的非盈利性研究所，它坐落于美国华盛顿哥伦比亚特区，致力于通过经济研究和政策参与改进关于环境、能源和自然资源的决策。

比男性支持者更为尽心尽力（Nelkin，1981a，1981b）。《纽约时报》—哥伦比亚广播公司1981年的民调也发现，环保团体具有如下特点：年轻的城市居民和生活在东西海岸的人。民调没有发现收入、教育、种族、党派认同或意识形态等因素会对环境政策的支持产生显著的影响。

也有若干研究者曾论及公众认识风险的局限性（Kunreuther et al.，1978）：个体会高估某些类型的风险，低估其他类型的风险，其中并无规律可循（Harvey，1979），而公众则倾向于高估某些罕见事件的危险，低估常见事件的危险（Slovic，Fischhoff，and Lichtenstein，1979a，1981）。面对熟悉的情况，个体对风险所做的大致估量与真实情况非常接近（Green，1980；Green and Brown，1981a）。此外，个体往往对受自身行为影响的可能性持乐观态度（Lalonde，1974）。

20世纪60年代，批判运动如野火燎原，在反对核废料和化学废料、反对石棉工人未得到正当防护以及反对空气污染和水污染方面获得了广泛的国际支持。欧洲和日本均有类似运动，在美国该运动更是成效斐然，甚至成功阻挡了核能发展的步伐。卡斯玻森（Kasperson，1980）写道："当前正是决定核能前景的关键时刻。假如在未来几年内，我们不能为放射性废料问题找到一个可以让社会接受，并且具有可操作性的解决方案，那么在美国和其他众多国家，核能在能源制造业中的发展将有可能陷于停滞。"阿尔文·温伯格为他认为正处于危机当中的工业领域辩护，他倡议用研究和教育为第二个核时代到来做准备（Alvin Weinberg，1982）——他认为第一个核时代在美国、瑞典、奥地利、挪威和丹麦等地已宣告终结。不过，在其他地方，核能行业依旧蓬勃发展。

困惑的核能界想知道为什么他们陷入了如此不受欢迎的境地。对他们而言，问题在于，公众对实际危险的夸大的感知与科学事实之间存在可悲的差异。而另一方面，在那些不愿置身事外的公众身上，也有别样可悲的差异，即安全性也被对方夸大了。为回应这些重要问题，新的风险感知分支学科应运而生。它由三个不同的学科组成：（1）工程学方法，其研究范围从风险分析延伸到风险感知分析；（2）生态学方法；（3）认知科学方法。然而，各个学科都只是把一小部分传统方法迁移到了新的研究领域，其理论固然缜密，在社会思想方面却仍属幼稚。

（1）在工程学贡献的假定里，公众是由孤立且独立的个体所组成的，这些个体天生的行为就类似于工程师：他们渴望知晓事实，一旦事实被清晰地呈现在眼前，他们就会相信提案的安全性或风险性。公众将被告知日常穿马路或驾车时所需担负的风险多少才属正常，以及若是在周边设置核电站将会带来多少额外的危险。风险有时候是按照折损正常预期寿命的天数或分钟数，又或是按数百万人群中的百分数来计算，并利用图表展示的。正所谓，知命不忧。

风险－收益

工程师们对社会科学感到不耐烦。用于风险识别与评估技术的方法无疑可以被扩展到风险的社会可接受性问题上（Starr，1969；Farmer，1981）。"风险－收益"是诠释社会价值当代共识的一种方法。斯塔尔（Starr）向经济学借来了"显示性偏好"（revealed preference）一词，透过诸多活动追踪当下的风险分布，声称这样就证明了被容忍的活动可以看作容忍度的统计分布。他第一次实践就产生了一些有趣的概念：（1）**可接受限度**：风险的可接受性在一定范围内随收益的增加而增加；（2）风险的**自然水平**：公众似乎并不理会低于自然危害水平的风险；（3）**自愿承担**的风险可能远远超过疾病的自然水平，但非自愿承担的风险就很少如此；（4）**长期**风险与**灾难性**风险的差异。这篇颇具开创性的论文设定了讨论风险感知的初始条件，引发了关于数据如何支持统计分析的争议。也有一些人探讨"了解一项技术的死亡率与自然危害水平之间的高下，是否会对公众态度产生影响"等问题。对很多人来说，诸如"住在核电站附近每年产生的风险，相当于汽车多行驶三英里产生的风险"这一类的说法似乎很可笑，因为它们没有充分考虑这两项技术本质上具有的重要差异（Slovic, Fischhoff, and Lichtenstein，1981）。同时，很少见到有人探讨个体是否曾将"风险"这个抽象、复合的概念纳入承担风险的考量（Green，1980），也很少见到有人关心风险在各个社会类别间的分布不均匀。斯塔尔深信，不让少数人的意愿压倒多数人才是重要的。对他研究的公正评述，可参见斯洛维奇、费斯科霍夫和利希滕斯坦的著作（Slovic, Fischhoff, and Lichtenstein，1979b）。

风险评估的量化方法具有高度的可操纵性——这一点可谓众所周知——以至于它失去了使用者力图获得的权威和客观性。正因如此，在机构内法规联络小组（IRLG, Interagency Regulatory Liaison Group）的风险评估审议中，美国职业安全与健康管理局（OSHA）对量化风险（至少在工作场所的致癌物方面）采取了强硬且坚定的立场（Carter, 1979）。任何读过赛尔夫著作（Self, 1975）的人，都能从中看到罗斯基尔委员会（Roskill Commission）为伦敦第三机场选址精心制作的成本－收益分析里，诺曼式教堂的价值评估包含了几多幻想（fantasy），也就会理解为何自1970年起，效益费用分析（CBA, Cost-Benefit Analysis）被应用于大规模社会问题，结果在英国陷入了声名狼藉的惨痛境地。对斯塔尔方法的批判是早期风险感知研究中一项统一的主题（Kates, 1977: 5; Otway and Cohen, 1975; Slovic, Fischhoff, and Lichtenstein, 1979b, 1981）。

这个结果没有消除公众的恐惧，反而掀起了一系列强烈的谴责，控诉这些方法既无关宏旨，又毫不准确。

批判"风险－收益"

　　想要感受这份困惑与愤怒，请阅读赫尔伯特·因哈伯（Herbert Inhaber）提交给加拿大原子能管理局的报告（1978）和他在《科学》（1979）上发表的论文，他在文中表示核能比传统能源更安全。"因哈伯的报告是一个错误的泥潭，充斥着重复的计算、被高度选择性使用（以及误用）的数据、站不住脚的假设、在处理不同技术上的前后矛盾以及概念上的混乱……仅仅只要纠正他最大的错误就会完全改变他的结果——提升核能给公众带来的风险上限，在煤和石油的不确定范围底部加入职业健康，并在核能的不确定范围的中部加入非常规能源健康风险……② 通过宣传充斥着歪曲、错误和前后矛盾的分析，因哈伯甚至混淆而不是阐明了他所处理的风险问题的受限之处"（Holdren et al., 1979）。在英国，原子能管理局主席约翰·希尔爵士（Sir John Hill）于 1976 年宣称，有关核能问题的辩论大多"都算不上问

---

② 译注：这段叙述针对的是 Inhaber（1979）的图 5 — 7，详情请参阅该篇论文。

题……只是科幻小说式的公众辩论"（Williams，1980：273）。由专家判断风险的可信度受到质疑："公众评估风险的核心在于，怀疑工业界、公用事业和监管机构是否依照承诺减少和最小化了风险"（Kasperson et al., 1980）。

（2）生态学的研究始于怀特（White, 1952）的洪水灾害研究。自此以后，对风险状况（risk situations）的分析和对理论的批判源源不断（Burton et al., 1978; Fischhoff et al., 1978），尤其是克拉克大学技术、环境与发展中心所做的努力。其中诸多发人深省的出版物，特别是《环境》杂志，探讨了大量事实、阐释与伦理方面的核心议题，提升了技术风险的公众辩论水平。就风险感知而言，除了风险响应生态模型（ecological model of risk response），这种方法的理论基础并没有得到很好的发展（Kates, 1977, 1978）。根据这一序列模型（sequential model），不同分区的公众（就像不同地带的植物和昆虫群落）要经历生命发展周期的各个阶段，依次遭遇并适应各种危险。这种方法小心翼翼地将风险（risk）与危险（hazard）这两个术语区分开来。事实上，术语的转变有助于弥合植物生态学与人类生态学间的差异，因为生存要素在前者中可以说是对危险的反应，尽管它们（根据定义）并不像理性人那样去计算风险。此外，合理地说，评估事件的组合概率（combined probabilities）及其后果的严重性有着过于专业的计算形式，无助于思考普通人的感知问题。而这种方法追踪了信息或经验是如何改变人们的观点，并构建起与信息相联系的流行病学模型，以及包含危险经验的发展模型的。危险已经根据它们的感知特征被整理和分类。公众对戏剧性事件或者轻微事件的反应各不相同，诸如造成数百人死亡的突发性灾害，或是长年累增至数十万人的那种长期、缓慢的灾难性过程，这塑造了事件的风险特征的不同侧影，使人们能够比较自己感知到的危险与实际危险。

批判生态学方法

托里（Torry，1979b）认为所谓的人类生态学实际鲜少关注人类。在《环境也是灾害》（Burton，Kates，and White，1978）的书评里，他对整本书提出了若干尖锐的批评。对怀特那让社会和文化组织保持恒定的访谈协议，他表示：

"然而，在维护自身世界的安全问题上，个体做了什么或者自称做了什么取决于诸多因素，其中包括他们的社会地位、文化素养水平、获取贷款的来源（比如那些嵌入亲属关系网络中的）、技术专长、资产的规模和多样性、就业选择、家庭劳动力需求、志愿组织的成员资格、资本生产能力，以及对文化价值观和宗教习俗的承诺。因此，要是调查设计没有考虑文化限定的范畴，那么分析单元就仅仅只是个体的集合而非社会的样本……相应地，'否认风险'、'降低风险'或者任何能串连起这些研究方法的其他说法（rubric），都只不过是徒有其表的解释罢了……标签不仅不构成解释，对理解个体的调适过程也无甚增益。人们想知道，譬如应对方式的选择是如何取决于个人的社会地位、声望、婚姻状况、性格特质、财富和智力的：这些因素是如何相互关联的，为什么组合它们的权重因社会或者不同危险的类型而异……共同体的制度和价值观，决定性地制约着人类面对自然干扰的脆弱性，它们阐明了个体与国家如何调适——这是不言而喻的。"

在生态学方法中，危险被视为自变量，而人们对它的反应则被视为因变量。如果我们认定危险的概念并非独立变量，那么植物与人类之间的相似之处就会削弱。人们作为感知研究的对象，生活在一个由他们自己的概念建构的世界中：这些概念中包括什么是危险。

人类学家在书写部落文化时被迫明确地区分分析者模式和置身其中的行动者模式。行动者模式只涵盖该部落与世界有关的理论。而站在部落文化之外的调查者则是在观察行动者如何划分原因与结果间的界限。比较不同文化的这些界限能揭示行动者模式的偏见之处。

自世界的行动者模式内部看风险规避

正如两份重要的早期风险可接受性调查显示的那样，如果研究者仅仅只在行动者模式下开展工作，那就会招致文化偏见（Lowrance，1976；Rowe，1977）。尽管著作题为"可接受的风险"，罗伦斯（Lowrance）却鲜少谈及"是什么使风险可接受"，并认为风险概率是客观的。罗韦（Rowe）列举了影响风险感知的因素（自斯塔尔 1969 年提出之后几乎就成了标准），他区分了受害者和受益者立场，也区别了人们对控制的预期、对风险自愿与非自愿的接受，以及对感知各类风险的大小和可见性的不同影响。他没有意识到，如果认为文化是一个可变因素，就不能说人类社会普遍厌恶风险，因为许多文化恰恰在要求人们去寻求风险。罗韦暗示自然灾害与人为灾害之间的界限毋庸置疑（p. 158）。菲利普·斯罗德（Philip Schrodt，1980）却争辩道，政策制定者和无数社会科学家都表现出了同一种文化偏见，总是假定风险规避普遍存在，这种偏见可以由以下四点诠释：（a）以最糟糕但貌似合理的情况去评估风险和收益；（b）风险和收益的边际评估（marginal evaluation）；（c）使用自愿与非自愿风险间现存的区别；（d）低估未来收益。

将危险定义为"公认的死亡原因或损失原因"——无论这原因是技术性的还是自然的——都始终处于对原因的文化定义之内。除了中规中矩地视感知为某种可改进的事物，这里没有为它留下考虑的余地；所有重点都落在了自然原因与其他原因间的差异上。

自然原因

自然原因与人为原因之间的界限总是在分配责任的社会过程中不断被划定。这一界限也因此永远处于争议之中，波澜起伏、毫不稳定，反映着当前的文化偏见。首席法官罗斯·伊丽莎白·伯德（Rose Elizabeth Bird）最近抗议说，面对允许土地所有者"仅仅对大自然放任自流"就能逃避所有责任的规则，"我们应当摒弃人为条件与自然条件之间的区别……因为这规则蕴含着不公"。正是基于这种规则，马布里一家拥有土地的公司以不能对所有自然灾害负责为由，拒绝承担山体滑坡损毁房屋的责任（《洛杉矶时报》，1981年12月21日）。"正如上帝之作为与人类之作为于概念上是相互结合的，意图、意外与事件之间的这些区别也是如此"（Kates，1977：56）。伯顿、凯茨和怀特（Burton，Kates，and White，1978）一直认为"危险，从定义来看，是种人类现象"。费斯科霍夫等人（Fischhoff et al.，1978）也如此认为，不过，这么说可比将它考虑进后续分析中要容易得多。

即使危险被定义为"无力应对的事情",这也仍然是处于行动者模式下。不过这个定义至少将物理原因和物理后果这二者与理性主体的应对能力衔接起来。这更接近感知理论,因为它允许从关于应对手段的预期中,生发出危险性的质(quality),况且,对思考风险可接受性来说,感知理论是必需的。

应对

强调应对能力伴随着对风险管理的不同假设。克拉克(Clark)认为,要想实现有效的风险管理,就必须设法提高容错能力,从而提高承担生产性风险的能力,而不是假定风险得到普遍降低就是理想情况(Clark,1977)。将重点重新转向应对能力,有助于我们理解风险感知的社会学与文化层面。

这么说似乎有些道理:知觉主体主要关心的是应对行为是否可行、是否存在困难或者不可能之处。只有当信息被相称的感知者编码和诠释后，感知才有存在的余地。（经济学家常常把信息说成一种活跃的因素（agent），它流动，产生影响，在传播的途中迷失或者堵塞、停滞，为一些人所拥有而为另一些人所缺失。）这类惯常的说法与18世纪的感知理论遥相呼应，在后者看来，感觉印象（sense impressions）冲击感知者的头脑，就像明亮的光线刺激眼睛的视网膜。然而，除非信息以某种方式被感知者看到并进行编码，否则它根本无法成为信息。

（3）认知科学有主导风险感知的趋势，它的假设和心理测量方法已经拓展到整个领域。这意味着，从技术角度看，分支学科中最复杂的工作都是在理性行为理论的普遍支持下完成的，自然也就认可该理论的公理和限制性假设（见第四章）。虽然不同类型的研究工作最初出现在不同作者名下，但它们有逐渐汇集之势——开创性工作开始由来自不同背景的专家合作完成。

当一门业已确立的学科触及新的领域，它的方法不可避免地会发生一些变化：有时是一项经验法则转移，有时只是一个隐喻式的迁移。当工程师们将常规的工作方法用于风险的公众接受问题上时，他们等于做出了一项大胆的飞跃。在他们分析中存在的问题大多源于对隐喻的转换缺乏充分认识。机器"容忍"物理性劳损与人类容忍侮辱或者逆境，二者的含义并不相同；"风险负载"（risk load）和"压力"一类的概念也是如此。不过，工程师们的做法也不只是一种外在的修辞，因为它仍然忠实于工程学的常规做法——在那里，"容忍"是作为"不出故障"（break down）显现的。无论是合计桥梁的总应力还是人体显示出的承受能力，他们都没有在方法上有所区分。不过他们的所作所为也没有太大的意义，下文将重申原因。

相比之下，那些转战风险感知的生物学家遇到的是相反的困难，他们已经把自己大部分理论装备抛诸脑后。没有生态系统，生态学家能做什么？没有资源限制，生态系统又会是怎样的存在？这些生物学家用粗略的概念理解感知，就好像问题是存在哪些风险，而不是从既存的风险中选择出某种模式。模式的特性并不会强迫自己进入感知者的视野。因此，风险感知的重要问题永远无法通过盘点事件的物理特征、损害程度、突发性或者持续时间来分析。

认知科学将在第三章和第四章得到讨论。理性的观念必定占据风险感知研究主导地位。理性的风险感知主体这种观念建立在（必须建立在这里吗？）理性研究者的模型之上。二者都被用来寻求世界的秩序；它们都承认有不自洽之处；它们都在估算概率。

第三章　风险感知

　　概要：本章比较了人类和动物如何处理感知。动物心理学家认为，使注意力集中、维持或转移的情绪反应对有机体的功能和物种的生存均有积极作用。人类心理学则试图从认知测试中分离出习惯和情绪（比如恐惧或兴奋）。在这类测试中，人类所表现出的倾向令人不禁对理性的基本概念产生怀疑。因此，后来研究关注的是人类的知觉装置（perceptual apparatus）的不足以及机能障碍。涉及概念形成的社会过程需要被系统地包含在公众风险感知研究之中。

风险研究中最成熟的成果表明，个体具有强烈但不合理的自我豁免（subjective immunity）意识。人们在非常熟悉的活动里有一种倾向，即尽量减小发生糟糕结果的可能性。显然，人们低估了本应处于自己控制下的风险。他们认为自己应付得了熟悉的情况。他们也低估了发生罕见事件的风险。关于风险感知，我们首先要提出的问题是，为什么那么多外行觉得日常危险是安全的，即使事态表明他们无能为力，他们也依旧认为自己能够应对自如。

自我豁免

国家产品安全委员会（National Commission on Product Safety）的经验表明，消费者情愿在价格上稍加节约，也不愿多花一点点钱来提升安全性。熟悉感似乎给了生活在洪泛平原上的农民（White，1952）、烟民以及交通道上的行人和司机信心；那些生活在核电站附近的人比其他人更不担心辐射的危险（Guedeney and Mendel，1973）；工程师和机械师也往往对自己的技术过于自信（Slovic，Fischhoff，and Lichtenstein，1981）。在一些高风险职业中，收益增强了人们的自信心和熟悉度（Lee，1981）。不过，熟悉感也常常在以另一种方式起作用（Slovic，Fischhoff，and Lichtenstein，1980）。

在日常生活中，最常见的危险往往被忽视。而在概率标尺的另一端，最罕见、低概率的危险也总是被淡化。将这些倾向放到一起来看，个体似乎切断了他对极有可能发生的风险的感知，这使他眼前的世界看上去比实际的更加安全；同时，个体也切断了他对低概率风险的兴趣，遥远的危险随之消失不见。对于具有良好生存适应能力的物种来说，忽略低频率的事件似乎是非常合理的策略。对所有低概率的灾难一视同仁不仅会分散注意力，甚至会导致危险的对于焦点的丧失。从物种生存的角度看，如果自我豁免意识能让人在危险中保持冷静、勇于尝试，不因失败的迹象而失衡，那么这种意识也是适应性的。这无疑是人类心理学和动物心理学之间一个有趣的区别。也许，一些有关社会行为演化的问题可以分解成两个可检验的命题——信心的社会来源，以及过度自信对人类的巧妙影响。

是时候正式检验一下人类了，看起来他们并不擅长理性思考，记忆力也很薄弱且不稳定。

记忆研究

记忆研究高度依赖语言，但人类的记忆和认知很大程度上独立于言语而存在。值得注意的是，在动物实验室中开展的众多与人类失忆症相对应的实验，大部分都以失败告终；纳达尔（Nadel，1980）认为，这可能是因为人类的记忆以一种特殊的方式和语言相关联。人类对危险的部分反应根植于我们的动物本性中。这就是与人类的风险感知有关的心理学知识尚处于初级阶段的原因之一。此外，人类记忆研究也表明，我们不能通过研究记忆的弱点来研究人类的认知。就像伊丽莎白·洛夫特斯的著作《记忆》（1980）那样，它更多谈及的是我们为什么会遗忘，而不是我们如何记忆。后者似乎明显是任意的。

就人类的记忆而言，事物的存储与检索取决

于人们对注意力的控制，而注意力又取决于社交信号（social signals）和社会压力，因此这意味着，问题已经转向正确的方向，关注个人对社会经验的编码。

心理学家建议那些知道风险究竟是什么的人把注意力放在与普罗大众进行更好的沟通上。然而，通常那些明智的建议，比如这个例子中的风险教育，并未取得振奋人心的成绩。

教育的缺陷

罗德（Roder，1961）和那尔金（Nelkin，1974）等人描述了瑞典大规模开展核能和其他能源的公众教育运动，从中可以看出，这些权威人士一致认为，通过公众教育来提升风险感知的做法收效甚微。斯洛维奇、利希滕斯坦和费斯科霍夫（Slovic，Lichtenstein，and Fischhoff，1974）特别谈到了核风险问题，他们写道："我们认为，旨在缩小'感知差距'（perception gap）的教育尝试，可能注定要失败。"之后这三人（1981）还评论道："在许多人脑海里，核事故是随着环境遭受不可估量、不可逆转的破坏，成千上万，甚至数百万条生命转瞬即逝。这些情景与业界官员（以及大多数技术专家）的说法几乎毫无相似之处……核能行业的支持者们倾向于将这种感知差距归于公众的无知和非理性，我们非常质疑他们的态度，而且怀疑他们推崇的补救措施，也就是教育，真的会成功吗？"（p. 33）

不过，在众口一词之下，也有另一种不亚于它的声音出现（有时也包括同样的观点），建议人们付出更多努力，通过更好的教育活动提升公众的理解。加入这一阵营的是昆路德等人（Kunreuther et al., 1978）。"关于媒体宣传、电影或图片展示究竟在多大程度上唤起了人们对未来灾祸的关注，现有的证据并不十分可靠"，昆路德和他的合著者写道（p. 251），并补充说："如果人们认为政府援助是可取的，那就应当协调一致，努力向受影响的人群传播信息。"（p. 254）在为火灾研究所进行的研究中，格林和布朗（Green and Brown, 1981）首先澄清了"风险"一词的含义；然后他们发现，如果有足够可靠、精确的客观估计，他们所调查的对象的信念就会是相当准确的。人们似乎首先立足于这样的道德立场——"什么是应当存在的"——然后将之与务实的、着眼于复杂未来的考虑相结合；由此看来，建议提供更广泛和优质的信息是明智的。

既然风险感知最初是作为一个因普罗大众的误解而导致的问题来被接受的，那么接下来合乎逻辑的做法就是相信教育。这种做法催生了另一种建议，即认为应当加强监管控制，或者加强对沟通失败问题的心理学研究。标签理论（Labeling theory）关心呈现形式是如何影响评价的。莫里斯等人（Morris et al.，1980）的会议报告概述了用于风险感知的标签理论，探讨了直接监管、自由市场的力量或者强制标识（一种监管形式）是否能对不同的健康风险发挥有效作用。卡斯帕森等人（Kasperson et al.，1980）则对支持和反对核能公共教育的观点做了批判性总结。

人们为公众教育遇到的困难感到沮丧，这支持了另一种趋向，这种趋向几乎把我们所有人都当作非理性的。乔纳森·科恩（Jonathan Cohen，1981）认为，理性的条件是如此灵活，以至于通过援引个人所有的动机和目标，任何决定都可以免受非理性的指责。从本质上看，这种观点指望通过两种能力来实现理性思维，一种是泛人类共有的逻辑操作能力（避免矛盾、期望一致性），另一种是通过文化习得的识别、组合和分类特定要素的能力。科恩称这种组合为"直觉"（intuition），并辩称，因为我们永远无法确定文化输入，所以也无法证明任何选择或决定是非理性的。

在为我们的理性进行这种微弱的辩论之前，风险感知已经缓和了它的用辞，声称个体不是不理性，而是概率思维比较薄弱。然而，要是我们看看理解概率论需要什么样的条件，就会发现这似乎并不是那么困难。显然，我们只需要掌握三大原则：随机性、统计独立性和抽样变异性（Hogarth，1980，chap. 2）。更进一步说，我们会发现无论我们中任何一个人是否受过教育，他都能够在任何技术活动中运用这三大原则。猎人、渔民、农民和水手都在根据他们掌握的概率评估材料，预测鱼群或羊群的行为，或者预测潮汐和天气。在他们的工具的精度范围内，他们知晓所有的随机变量，同时，他们也不理会从太小的样本得出的推论；尽管不懂统计学，他们却知道许多实际上等价于统计独立性的知识。如果他们不这样做，他们就不能以匠人或者航海者等身份生存下去。困难的不是在熟悉的情境下进行非正式的概率思维实践，而是进行正式的概率分析。

原始思维

整个有关人类的概率思考能力的讨论与本世纪初关于原始思维的讨论有着令人不安的相似之处（Wynne，1982a；Lévy Bruhl，1966）。殖民地的土著对逻辑的理解似乎是不可靠和有违常理的，开明的管辖者企图通过人类学的研究来了解他们智力的缺陷。当布赖恩·温（Brian Wynne）嘲笑那些打着科学理性的旗号提出的主张时，他把这个类比反了过来："将批评意见视为对整个思维方式的威胁，这是那些与世隔绝、经验同质的原始社会的特征。科学思维与原始思维之间似乎没有内在的断层（discontinuities）；差异更多在于一些重要的社会特征。"（1982b：168）值得注意的是，温将思想的僵化归因于社会隔离（social insulation）。

鉴于这些让缺乏正规训练的受试者感到困惑的测试也会经常难住那些明确用到概率论的科学家们，我们需要对心理学实验中的问题进行更细致的研究。事实证明，它们都与一个特定的专业领域有关，那就是概率论（Krantz et al., 1983）。通过比较经历了不同程度正规训练的受试者，实验研究显示了人们是如何启发式使用直观版本的大数定律的。正规训练提升了受试者使用它的频率和质量。

换言之，那些经由文化习得的直觉引导着我们对任何我们能力的领域做出判断，教会我们足够的概率原理，但是这些原理受到文化严重的制约。当我们冒险迈出文化给予直觉的领地时，我们全都会迷失。脱离了熟悉的经验，哪怕是技术过关的概率论者，想必也会在预测时迷失方向——即便他很擅长规范地构建问题。

尽管这可能让人们免于不具备概率思维能力的学术指责，但它为风险感知留下了一些实际的问题，特别是它加深了专家与普罗大众之间判断力的差距。如果人们只能基于专家的能力进行概率思考，如果并非我们所有人（或者许多人）都能成为现代武器或核能方面的专家，那么该怎样对这些风险做出政治判断仍然是悬而未决的问题。这需要我们首先去思考，为什么工业界与政府的专家无法说服公众相信新技术是安全的。事实上，人们普遍的倾向恰恰相反，人们不是天生胆怯，而是过于无畏、难以相信危险确实存在。

不过，如果人们认为危险是由强大的少数人（工业家）施加给无助的大多数人的，那么自我豁免意识就不会被激发。不同的是，对待他人造成的风险，人们的态度是政治性的。那些正在考虑新技术的民众与其说是感到害怕，不如说是感到愤怒。或许，不是风险感知，而是欺骗与剥削所引发的愤慨才是问题所在。如果真是这样，我们就需要理解人们对待责备的态度。

归因理论声称，它给出了一个宽泛的框架来考虑责备的方式。

归因理论

相关概述请见海德的著作（Heider，1958）。目前，遵循归因理论的研究已经明确了一种控制点（locus of control）意识，以及一种对压力的无助感。风险感知和压力研究是重叠的，因为研究发现，人们对掌控事物的能力笼统的期望会降低压力体验（Jones and Davis，1961；Rotter，1966）。这种方法与风险认知研究的兴趣相似，即研究对象认为自己承担风险不是出于本意。由汉密尔顿和沃伯顿（Hamilton and Warburton，

1979）编辑的文集强调了一个人们应对压力时更清晰的认知源（见第二章"应对"一节）。然而，社会支持和信心的主要来源只能在儿童早期阶段和家庭关系中找到。还有一种罕见的尝试（Brown et al., 1975）是丢下认知的重点，将压力与更广泛的成人社会背景联系起来。

让我们先来谈谈人对原因的判断——无论这种原因是自然的还是人为的。如果损害是人为的，那么责任归属和责备都应该归于控制点。我们可以选择承认自己的错误、把责任推到别人头上，或者判断对方是否知情、是否有害人的动机。如果我们已经对假定的施害者心怀敌意，我们的责难之心就会更加强烈；如果我们怀疑他从我们的损失中获益，我们的负面判断就来得更加坚定。虽然心理学家发现人们承担责任、归责或免责的程度有所不同，但在专业上他们更倾向于用人格结构来解释此类差异。归因理论很少关注社会训练（social training），这种训练选择和强化了特定的归责态度。不过这一点很容易理解。目前研究者们还未确立任何准则，以指导如何系统地思考社会环境中产生的价值。

当我们转向价值的研究时，我们会发现，

它要么使用标准的管理类别（administrative categories），将人们所表达的价值观锚定到社会的各个阶层，要么回避将人们对风险的预期溯至任何社会界定的范畴。

心理学家开始意识到这个问题。雅斯贝尔斯（Jaspers，1981）认为，态度的社会本质已经完全被忽视了，以至于明显的社会反应也被视为个人的性情。当他谈及早期所做的认知和情绪分化研究时，他表示："人们需要通过一个真正的社会视角来认识到，看似随儿童年龄而增长的个人分化过程，实际是需要社会解释的共享反应层次上的演生产物。"K. J. 格根和玛丽·M. 格根（Gergen and Gergen，1973，1982）分析了方法论更深层次的缺陷，这些缺陷都是由同样的困难造成的。从艰苦的调查研究生发出种种盘根错节的期望很有趣（Mitchell 1980a，1980b），不过，要是能找到从数据通向风险感知理论的道路，那就更好了。

价值综合征

一些学者同时从态度的不相容和类同性

（affinities）出发，试图考查态度是如何群聚的。斯潘格勒（Spangler，1980，1981）发展了综合征的概念："这是由一组并存的概念组成的可识别的态度模式，这些概念包括相关情绪和决策倾向。"综合征具有集体性，它涉及好与坏的道德观念，反映人们共同的社会经验。综合征的特性是一种选择信念与选择否定无视的东西的对立统一。这是少数几个风险感知研究对选择性注意感兴趣的例子之一。但它没有再往下走，去考虑社会联盟是如何成为人们聚焦的因素的。赫柏林和布莱克（Heberlein and Black，1981）已经意识到现代社会中规范性结构的复杂性，他们试着识别了"行为分子"（behavior molecules）、规范、信仰、社会支持以及结构变量。其他正在进行的研究试图将价值观同社会和认知策略联系起来。例如，斯坦利和托马斯（Stallen and Thomas，1981）正在开展一项调查，以确认人们对技术威胁的四种反应（安全、防御、警惕和适应）。显然，个人感知和公众态度间的相互作用很快就会得到更有把握、更加成熟的研究。（Back and Gergen，1963）。

我们对方法的选择制约着我们对风险感知的

认识。

基础性方法

研究者们对方法问题表达了诸多关切，其中大多数问题是在确定公众态度和价值观的尝试中所共有的，而不是风险感知所特有的。托马斯提醒人们注意聚合（aggregation）这一棘手的问题（Thomas，1981），格林和布朗则促使人们注意到研究结果是由调查问卷所涉及的范围人为决定的（Green and Brown，1980）。没有人能像普洛特（Plott，1978）那样发表如此全面的批评意见，他把风险政策问题当作当代社会理论尚未解决的重大问题的案例来讨论。（1）其中一个问题源于以不同方式排序人们对风险 - 收益选择问题的答案所产生的影响：在个体分析层面，一个人可能得到极不一致的评估结果，这"取决于评估系统中微妙的、看似无谓的方面"；（2）群体态度与群体选择并不遵循和个人选择相同的规律；（3）群体选择本身对决策或议程设置程序很敏感。结论是，这些努力形成的许多理论和哲学表明，群体偏好概念本身就是错误的来源。它似乎涉及一个经典的合成谬误（Fallacy of Composition），即假设个人的特性和偏好同时也是群体的特性。风险－收益分析在应用上直接依赖作为基本属性的群体偏好的概念。这是罕见的有关阿罗不可能定理（Arrow's impossible theorem）对风险评估者的影响的讨论，这些评估者相信他们能够客观、明确地总结个人的偏好，并找出符合人们偏好的政策。也可参阅拉韦和罗默的研究（Lave and Romer，1983）。基于个人理性选择的福利逻辑已经被证明存在缺陷，现在，是时候从另一个角度出发，研究社会过程与人们共享的价值观之间的关系了。（见 Douglas，Douglas，and Thompson，1983）

理性的形式分析呈现给主体的是明确分离的事实和价值。态度调查研究价值观，但不探讨它是如何产生的。归因理论者则认为并不需要了解产生和维持价值模式的社会过程。"概念形成"（concept formation）被合理地视为使人类能够言语的独特的认知过程。概念形成研究着眼于儿童的学习能力和习得语言能力的早期阶段。儿童涉及的社会化过程只是初步的，而且必然支离破碎。至于规范化社会情境下成人的概念形成，则是国外人类学家们的研究主题。心理学研究还需要很长一段时间，才能对人们理解高度社会化的认知过程（比如风险感知）有所助益。

认知心理学的起源跟动物心理学联系密切。动物认知研究的基本假设是，有机体的感知能力是其适应物理环境的一部分。无论从哪种意义出发，这种感知都在暗示着生存——物种的繁衍，鸟群、兽群或虫群的存活（如果涉及群居动物的话），以及个人对喂养、交配、居住与安全的需求。感知的生物实验假定动物的行为具有适应性价值。人类的心理学实验风格与之相似：信息的输入与表现的输出构成对照。但是，即使人类的感知研究是以动物心理学为蓝本，它也还是缺乏宏大的理论框架。目前还没有出现一个完整的理论框架，能够证明动物感知的进化范式适合人类。

动物的环境随着它的活动多有改变。对于人类来说情况更是如此。但二者有一个根本的区别，人类的环境体验是通过人在社会交往中构造的概念范畴来调节的。无论是对于动物还是人类，来自感知机制一方的假设都已经对物理对象（physical objects）进行编码。对于动物，身体状况是感知活动的直接对象，但是对于人类，感知者与感知对象之间的界限却是个问题。对于人类而言，编码并非由基因控制：文化也会介入和发挥作用。一项共享的社群工作便是为其成员认识世界的范畴达成共识。感知者把一些主要的物理环境分类纳入了自身的认知装置，这些分类产生自社交活动。举个例子，自然和文化之间的界限，这对任何个体感知者来说都是给定的，对分析者来说，却必须将之视为一种文化建构物。

据说，人们面对自然灾害的威胁远比作为人为灾害的受害者要淡定得多，不公正感和报复的欲望也更淡。不过没有人关心这条界限是如何划定的（见第五章）。人们理所当然地认为，每个人都知道台风或地震是一种自然灾害。最近阿马蒂亚·K.森（Amartya K.Sen，1981）的一项研究表明，尽管气象条件和粮食歉收毫无疑问属于自然事件，但它们未必属于大规模灾害。这些事件是否会引发灾害，在很大程度上取决于人们如何解释事件。阿玛蒂亚·K.森分析了导致孟加拉、加尔各答、萨赫勒和埃塞俄比亚发生大饥荒的条件。结果表明，这些地方的责任圈（responsible circles）错误地相信饥荒是由"粮食供应不足"这样的自然原因而导致的。于是，政府部门也在这个"神话"指引下行事。在一个又一个的案例里，受食物供给减少理论（FAD theory）影响，政府试图向那些受饥荒威胁的地区发布粮食出口禁令，这实际上阻止了粮食去到有需要的地方。价格限制会助长粮食囤积；价格上涨也是如此。一直以来，人们的目光都集中在粮食供应问题上，忽略了经济和法律结构的崩溃，而这正是造成饥荒的主要原因——即使是在粮食丰收、储备充足的年景里。森认为，正是政府对物质事实的关注，导致了将饥荒归咎于自然灾害的错误理论。（也见 Garcia，1982。）

社会建构和共识似乎会对人类的感知产生极大影响。如果真是这样，人类的感知就比动物的感知更容易失稳，因此我们可以期望额外的稳定化过程——比如自我豁免意识——发挥作用。人类认知心理学有一个独特的项目，对世界的分类是如何形成，它们如何构成分裂（disintegrate）的威胁，以及特定社会过程如何支持它们特别感兴趣。由于心理学家对个人行为怀有强烈的道德和政治偏见，这类问题没有得到重视。与此相反的偏见同样对研究有害。但是，要想不偏不倚地看待个人与社会的关系，就必须以中立、开放的态度对待社会对稳定产生的影响。唐纳德·坎贝尔（Donald Campbell，1975）承认并反驳了一种专业偏见，这种偏见否认社会因素影响感知。有关人类社会形态的存续问题，可以和那些将动物认知和物种生存联系起来的问题相提并论。有关概念形成和学习的问题，则应该被置于社会学比较研究的背景下探讨。这需要对稳定的社会进程，以及维系这些进程的各种道德承诺进行分类。这种理论上的转变将改进那种根深蒂固的观点，即事实和价值能够明确分离。如果我们不能辨识对选择性注意产生影响的社会问题，就不可能实现严肃地研究感知。

选择性注意

20 世纪 40 年代，认知心理学与社会学展开了对话，埃贡·弗兰克尔－布伦瑞克（Egon Frankel-Brunswick）对不容忍（intolerance）（尤其是族群不容忍）作为一种人格特质的研究兴趣，是其中尤为重要的一部分（Frankel-Brunswick，1948，1949，1954）。但是，这项由权威人格（authoritarian personality）激发出来的研究缺乏实验根基，而且更偏向社会理论（Adorno，1950）。虽然这项工作最初受神经心理学影响，但社会理论和心理学理论两大流派却就此分道扬镳。在感知理论方面，唐纳德·赫布（Donald Hebb）核心的工作强调了注意力作为一种反应的选择性。他主张，传统的心理学家寻找的是一种刺激特性，这种特性本身就决定了人们后续的反应；与老传统相反，"几乎毫无例外，心理学家都意识到有选择性的核心因素存在，它时而强化当下这种反应，时而强化另一种"。他抱怨说，尽管有着这种专业共识，但想要合乎逻辑地推演出结果依然存在问题："思考是不完整的，它的出发点完全在于刺激或者刺激的完形（stimulus configuration）——作为行动的来源和对行动的控制，最后遇上一些注意力等方面的事实，就简单地认同注意力是一个重要的事实，却没有意识到这和早先的假设相抵触。"（Hebb，1949：4-5）在风险感知领域，研究者们一致认为问题的关键在于注意力的选择性，同时也在继续范畴化刺激的完形。至于如何鉴别社会经验中的相关差异，从而让这种认知实验更进一步，道格拉斯提出了许多建议（1978）。这种路径构想于道格拉斯1966年的著作《洁净与危险》中，它明确发展了上文提到的 20 世纪 40 年代和 50 年代认知心理学的研究。

社会结构是一种道德体系。社会问责（social accountability）创造了成本－效益回报的主线，还产生了分类物质世界的不同方式。与动物一样，人类的注意力也集中在生存问题上。但对人类来说，生存涉及人的交流，而这需要为公共话语建立概念范畴。忽视这一过程的认知心理学似乎使它自身的研究项目变得不再重要。毫无疑问，它不再有资格考虑风险的可接受性。

第四章 选择与风险

概要：在 19 世纪，与风险有关的理论把赌博与其他冒险行为区分开来。而在现代选择理论中，风险规避与风险寻求被置于同一理论整体内。本章将指出，在明确公众的风险容忍度问题上，选择理论存在诸多局限之处。

选择理论将逻辑加之于选择行为。理性论述是没有自相矛盾之处的论述，理性选择也是如此。选择之间相互不存在抵触，才可称为理性。理性行为意味着，人们根据候选事物相对的可取程度，将这些事物进行排序。选择的逻辑与不矛盾的、或者说有序的偏好有关。在科学中，概率被用来评估事件预期是否可靠，而在选择理论中，它也有着举足轻重的地位。如果备选方案涉及确定性与不确定性间的选择，或者低概率与高概率间的选择，那么结果将会有很大差别。概率的方差构成了风险的要素。在 17 世纪与 18 世纪，风险的理论化与赌博的数学有关，因此，人们关注的焦点恰恰在于概率的整体结构。到了 19 世纪，风险的理论化从赌博转移到了经济企业的风险，特别是亏损的可能性。不可避免地，风险的理论已经被强调为未达成目标的可能性——伴随着对希望渺茫的高投注赌博持否定评价。传统的争议一直与这些有关：相较于理性人的主观估计，客观计算（或数学）的概率与价值的关系；

最实用的、能够用以理解选择逻辑的理性定义；以及这种定义与实际行为是否充分匹配。

最近，技术风险引起了极大关注，大部分风险的探路工作（确定了当前讨论的方式）在此之前就已经启动。这始于冯·诺依曼与摩根斯坦于 1944 年出版的《博弈论》，自 1948 年到 1953 年的短短五年间，其主要公理和定理相继问世。从本质上看，后续发展更多是在细微地调整、批判和改进极其严密的概念工具（conceptual apparatus）的不同部分。此后，人们将决策运用于军事战略的实际问题，也有一些人努力将这些方法用于工业技术风险。效用理论已经用于评估对生命的赔偿或者未出世后代的诉求（伴随着令人困惑的结果）。面对核能或者有毒工业废料的风险，真正的问题在于，整个理论体系要如何才能为前者引发的公共政策问题提供令人满意的答案。目前，已经有新的分支学科形成并回答这些问题。

我们所做的每一个选择都受到不确定性的困扰。这是人类知识的基本条件。有大量的风险分析在努力将不确定性转化为概率。似乎在每项研究中，纯粹的技术活动都会迅速变为直接依据推论的逻辑基础来行事。伊萨克·莱维（Isaac

Levi）的《美国商业核电站事故风险评估简报》
细致地审查了核管理委员发布的《反应堆安全性
研究》（1975）所采用的统计程序。后者在附录
部分讨论了概率估算涉及的困难，以及遇见困难
时采取的办法。撰写这份研究报告的工程师们不
太可能想到会碰上知识论学家（epistemologist）
质疑他们的选择，特别是这些选择的理由。

然而，报告的作者似乎急于对信度概率
（credal probability）作出基本判断，其判断依据
的是：在故障率客观机会分布的对立统计假设
中，何者是准确无误的。在数据不足的情况下，
作者们没发现他们应该先把判断相互对立的统计
假设搁置在一边，考虑各种可能的对立假设本身
的信度情况，从而通过直接推理，明确要采用的
信度。原有的那种方法使得与故障率有关的信度
判断处于不确定性之中。（p. 441）

接着，莱维将他们对方法论的选择与蒯因
（Quine）和其他认识论学者的假设联系起来，得
出了一项教益：我们应该学会的是暂时停止判
断，而不是佯装我们缺乏精确性（Levi, 1980）。
存在风险的情形被已知的概率所支配。如果

我们对概率了解得不够充分，我们就得和不确定性打交道。赌博是最显而易见的冒险行为。在一定收入水平下，冒险者更倾向于小概率的高额回报，或者大概率的低额损失。风险规避者是这样购买保险的：他们更喜欢为一定的低额损失（保险费）买单，以规避带来较高损失的微小可能性。保险减少了未来可能性的变数。

尽管经济学在 19 世纪就已经承认，部分冒险行为和理性的经济行为是相容的，但赌博仍旧难逃谴责。马歇尔（Marshall）的言辞里充斥着对赌徒强烈的反感（1890）。他紧随边沁，宣称赌博带来的乐趣是"道德败坏的"，因为"经验表明它们会培育出焦躁不安、狂热的性格，既不适宜安稳的工作，也不适宜更崇高、更坚实的生活志趣"。

这种道德态度与边际效用递减理论相辅相成。假如额外获得一美元的价值低于原先一美元的价值，那么以 50/50 的机会赢得或者失去一美元，对理性人而言缺乏吸引力：他会觉得输掉已经拥有的一美元带来的痛苦，超过额外赢得一美元带来的快乐。（的确，大多数人都不会对这种赌局感兴趣。）对于边际分析学派来说，公平的赌博总是会导致经济损失：只有傻瓜才会参加。

因此，赌博超出了他们定义理性经济行为的范围。不过我们也必须承认，商业活动也会带来风险。因而经济政策问题就变成了如何说服规避风险的公民们承担起必要的风险。答案是必须为风险承担者提供特殊的奖励——一个让企业家获得高额利润的机智的正当理由。公平地讲，即便是对于修正后的效用理论，马歇尔的观点仍具有重要意义：除非赌注很高，否则低胜率的游戏并不是什么有吸引力的游戏。

按照弗里德曼和萨维奇的说法（Friedman and Savage，1948），理论所包含的偏见不是主要源自对赌徒施以道德判断，而是边际效用递减理论本身直观的诉求。边际效用递减的思想最初有一个简单的物质主义基础。显然，吃一块面包所获得的满足感会在吃到第二块时下降，吃到第五块和第六块后，更是下降得厉害。无论是饮食还是服药，都是如此。身体的满足感下降或许可以比拟服装或休闲住宅的价值下跌，不过这也只是一种隐喻。对于大部分商品而言，随着人们对它们的开支上涨，社会认可的享有它们的途径便会缩减，这一点在金钱的心理价值下降上表现得尤为明显。

早期的效用理论依靠的是效用理念的绝对基

数（absolute cardinal value）概念——这样就能对一个困难重重的想法进行估量、归纳和比较。通过埃奇沃思（Edgeworth）、费雪（Fisher）和帕累托（Pareto）对无差异曲线的分析，经济理论很快就偏离了基数效用论。在从经济学理论基础上彻底清除功利主义方面，帕累托（1848—1923）尤为有影响力。这间接意味着风险承担（risk-taking）获得的关注，要远低于它作为效用分析不可或缺的一部分而获得的关注。20世纪40年代，选择理论发生了重大转变，风险被重新纳入新修正的效用分析，后者沿用至今。冯·诺依曼和摩根斯坦在《博弈论》中指出，从基数转向满意度的序数排序这一理论发展，与给出相对满意度的数值或者不同选择的预期效用，能够相互兼容。风险现在重新被合并进决策分析，因为预期效用取决于概率与价值的特定结合的吸引力。顺便一提，选择理论在旧的方向得到了很大推进。新的方法能追溯到的时期要远远早于马歇尔效用的提出，1738年，丹尼尔·伯努利为解决赌博问题而提出的公式可以作为这种新方法的发端。

圣彼得堡游戏

游戏很简单。公平地抛掷一枚硬币，直到正面出现，然后游戏宣告结束。玩家每掷一次硬币可得两枚金币。[①] 他应该为这场赌博准备付出多少钱？这是一个难解的谜。从直觉出发，他绝不想为此付出太多。但这个游戏的数学期望（mathematical expectation）是无穷大的，所以他在"理性的"计算中应该已经准备好为这场游戏的机会支付任何有限的金额。究竟是哪里出了问题呢？几个世纪以来，人们源源不断地就圣彼得堡游戏提出解决方案。伯努利的答案是，这取决于玩家可能赢得总金额的高数学期望值与其抱有

---

① 译注：此处原文即如此，然而存在表述上的歧义。实际上，在圣彼得堡游戏中，玩家如果第一次抛掷便掷出正面，可以得到两枚金币，每多掷一次，最终所得的金币就会翻倍。如果玩家第 n 次抛掷成功，可得 2^n 枚金币，而相应的概率则为 $1/2^n$（前 n-1 次抛掷结果都是反面，概率为 $1/2^{n-1}$，第 n 次抛掷正面，概率为 1/2），于是该结果的期望值（可得金币数乘以概率）为 1。将所有可能结果的期望值相加，注意到每个结果的期望值都是 1 因此得到，整个游戏的期望值为无穷大。而按照道格拉斯原文的叙述，若第 n 次抛掷成功，总共可得的金币数是 2n，相应的期望值为 $n/2^{n-1}$；则整个游戏的期望值为 $\sum_{n=1}^{\infty} n/2^{n-1} = 4$，是一个有限值。

的低心理预期值之间的差异。然而，即便缩小了这种差异，普通人的直觉与伯努利所认为的合理代价仍旧相去甚远。另一套解决方案则指出，如果一个人声称他真的付得起无限的彩头，那他开设的赌局就是一场骗局。但这又不符合普通人的直觉——倒不是说他会让银行破产，而是他自己实际也获益寥寥。更具说服力的解决方案是基于这样的习惯——刨除低概率（Gorovitz，1979）。斯蒂格勒（G. J. Stigler）在总结有关这一悖论的大量文献时，提及了许多异乎寻常的解决方案，这些方案产生了一些第二章引用过的以自然风险为背景的当代文献。"也许最有趣的方案是布冯提出的那一个——所有小于 0.001 的概率都等于零（因为这是一个 56 岁的人在白天死亡的概率，通常它被认为可以忽略不计）。"斯蒂格勒在破解这一悖论时指出，这场辩论中最令经济学家惊讶的一点是，"数学家首先要为博弈的值求得一个有限的值，然后才能得出解决方案"（Stigler，1969）。

伯努利的解决方案是开发货币边际效用递减的指数。难怪他被视为现代效用理论的奠基人。到了 1950 年，似乎所有的一切都为稳步的拓展和巩固（研究）做好了准备，而它们确实发生了。

风险的五年探索期：在新效用框架下

1948 年，弗里德曼和萨维奇发表《涉及风险的选择效用分析》，打响了由冯·诺依曼和摩根斯坦引发的辩论的第一炮。此时，选择理论能够把人们在某些结果间的选择与风险中的选择结合起来。它从一个假设出发：消费单元依据赌博的预期效用与确定性的预期效用之间的差异来决定是要赞成赌博还是赞成确定性。它假定效用函数是随收入而递增的。同时，它进一步给出了以收入相对规模为基础的、关于风险厌恶的附属性假设。

1951 年，肯尼斯·阿罗（Kenneth Arrow）发表了《冒险情境中选择理论的替代方法》。这一时期选择理论受三个新发展影响：(a) 效用理论（见上文 1948 年的著作），(b) 统计推断理论，以及 (c) 沙克尔摒弃了概率计算，并提出了不确定预期（uncertain anticipation）理论。阿罗的文章最广泛地处理了在概率论的基础中影响选择理论的问题。

1952 年，国家研究中心在巴黎举办了风险学术研讨会。萨缪尔森等人提交了他们重要的工作，包括萨缪尔森的《效用、偏好和概率》；萨维奇的《面对不确定性合理行为的公理化》；弗里德曼的《预期效用假设和效用的度量》。莫里斯·阿莱（M. Allais）提交了一系列存在争议的论文，其中一篇于次年出版。

1953 年，莫里斯·阿莱发表了《面向风险的理性人行为：美国学派的假设和公理批判》。

莫里斯·阿莱于 1952 年和 1953 年对"美国学派"发动了猛烈的攻击，这看起来似乎有些出人意料。《计量经济学》的编辑对此采取了非同寻常的预防措施，他特地指出，常规的编辑咨询流程已经不能消除讨论要点上的分歧，"发表这篇论文的文责现由作者自负"。阿莱在文中将萨维奇和保罗·萨缪尔森（Paul Samuelson）称为"美国学派"的领袖，还列举了其他统计学家和决策理论家的名字，声称其中一些人起初站在错误的一方，但在这篇论文付印前，他们就已经放弃了原先的观点。他主要反对的是他们对伯努利的定理的依赖。他渴望看到纯粹的风险理论发展起来——这是他不满新伯努利主义者的源头。承担风险的本质在于概率的组织分布，即它的方差。谨慎的人所求不多，冒险的人则偏爱更大的方差。如果决策理论只考虑概率分布的平均值，那么该理论就忽视了风险承担中最核心的一环——分布本身。除了发展出一种忽略了实际风险经验的风险理论，阿莱怀疑伯努利主义者甚至是在告诉我们，什么时候谨慎处事是理性的，什么时候冒险才算理性的行为。当然，这就是构想决策理论目的所在，但他觉得这是一种荒谬的教义，特别是当一些被插入到理性定义中的假设具有高度的局限性和反直觉性时。最重要的是，伯努利的对数－线性（log-linear）效用递减指数，与关注点突然的不连续性并不对应，而后者恰是完全理性的决策的一大特征。想要一笔数目不多也不少的钱是十分理性的。而最大化并不总是合乎理性：设想一下，一位旅行者被困在马赛，急需返回巴黎；如果他口袋里只有 100 法郎，那么对他来说，比起遵循最大化收益的数学期望规则，最有可能让他赢得回程车票的赌局反而更有利。

为了回应"美国学派"，阿莱发明了一种游戏。这个游戏是个陷阱——如果他们掉进去，萨维奇的公理最终就会被推翻。事实上，他们确实掉了进去，阿莱赢得了这一回合的胜利。

阿莱悖论

阿莱的游戏是一个悖论——如果你接受了萨维奇独立性公理，那就等于你也在游戏中违反了它。亚科夫·阿米胡德（Yakov Amihud，1979）指出，这一特殊公理并不是推导预期效用定理（expected utility theorem）所必需的；而且阿莱还曲解了冯·诺依曼－摩根斯坦效用理论对理性定义的使用；在二人的理念中，"理性"并不意在描述理性行为，而是在接受基础公理的情况下，规范理性行为。独立原则涉及偏好序列的一致性。这一原则认为，如果两个选择有一个共同的结果，那么选择的排序应该独立于上述共同结果的价值。重点在于人们对特定结果所做的承诺。然而阿莱坚持认为，要是问题其余部分改变，给定的结果没法一直保持它相对的吸引力，就像概率变化会改变偏好序列一样。迄今为止，这个游戏已经进行过很多次，有着诸多巧妙的变化。这份概要摘取自斯洛维奇和特洛斯基的著作（Slovic and Tversky，1974），在后者引文中还能找到其他变体。

请想象以下两种决策情形——每种都涉及一对赌徒：

X 情形	获胜概率	赢得金额
赌局 1	100%	$1,000,000
赌局 2	10%	$5,000,000
	89%	$1,000,000
	1%	0
Y 情形		
赌局 3	11%	$1,000,000
	89%	0
赌局 4	10%	$5,000,000
	90%	0

萨维奇独立性原则意味着，如果一个人在 X 情形中选择了赌局 1，那么他在 Y 情形中也会选择给出相同结果的赌局 3。而如果在 X 情形中他的偏好序列是赌局 2（有 10% 的机会赢得 $5,000,000），那么在 Y 情形中他会选择赌局 4。可是，实践中实验受试者在 X 情形里倾向于选择确定能得到的 $1,000,000，进而在 Y 情形里屏息以待——于两个极有可能一无所获的结果和两个

微小的机会（即赢得 $1,000,000 或 $5,000,000）间作出选择，显然赌注更高的那一个来得更好。确定性的压力让偏好序列发生了变动。

这个游戏几乎已经变得和圣彼得堡悖论一样有名。一本卷帙浩繁的论文集（Allais and Hagen，1979）评述了它的影响。它为风险理论带来的最直接的好处就体现在丹尼尔·卡内曼（Daniel Kahneman）和阿莫斯·特沃斯基（Amos Tversky）的工作中，二人细致、彻底地改造了作为风险决策描述性模型的期望效用函数理论（1979）。这项工作自两个层面处理决策：一个是人们容易选择哪种赌博，另一个是编辑过程（editing process）——人们倾向于用哪种形式表达选择。由此而衍生出的理论被称为前景理论（prospect theory），它是公理化和心理实验的结果。阿莱原实验所显示的"确定性效应"（certainty effect）改进了确定性、概率和价值三者的权重。"分离效应"（isolation effect）则是复杂问题的编码，它表明，当事件间存在依存关系时，人们对前景的选择不仅取决于最终结果的可能性，也取决于起始的参考点。比起赢得或损失的总额，个人更容易受某一特定基准线变化影响。因此，必须注意参考之物的变动。这与我们稍后要讨论的"安全第一"问题极为相关。研究者常常认为风险寻求是随着损失概率和收益概率的风险规避而增加的；并倾向于认为前者概率的方差最大，后者概率的方差最小。但是这种"镜像效应"（mirror-effect）在效用理论中并没有被系统化，直到卡内曼和特沃斯基为损失和收益前景算出了恰当的权重。这样，他们就把被赌博和效用理论忽视的其他形式的风险寻求行为整合在了一起。

通过证明人们对待风险的态度并不完全是由效用函数，而是由价值观和概率共同决定的，前景理论支持了阿莱的普遍情况。特别是卡内曼和特沃斯基坚持认为，通过假设人们根据最终资产（而不是相对收益和损失）构想自身决策问题，决策理论从根本上消除了损失方面的风险寻求行为。

所以阿莱是对的。他主要的目标现在已经实现了。他提出了一种新的风险理论，能够聚焦于风险承担本身，而不会掩盖重要的风险选择，说它们超出了理性行为的范畴。问题可以到此为止了。前景理论确实实现了困难的要求，即在相当抽象的论证层面依然能够与选择的实际情形保持联系。这也解释了上文那位滞留的旅行者为何只关心自己能否赢取返回巴黎的车费：他的目光没有落在赌局的最终结果上，而是落在了某个更接近的参考点上。

即便如此，纯粹的理性选择理论仍旧对当代工业风险问题缺乏指导意义。原因很充分，首先，该理论的关注点都与理性行为的结果或目标有关，至于理论本身，严格来讲几乎未言及结果。可想而知，指望这一理论体系来指导公众对技术风险的接受程度是荒谬的。一旦确定了主要目标，就可以很好地说明选择的不同子层次（subsidiary levels）之间的一致性。但是我们也应当认识到目标间能够保持一致的可能总是有限的。生活于社会，再任性的存在也被迫要容忍诸多不一致之处。要是生活在专横的政治体制下，更是会进一步阻碍人们对一系列连贯目标的追求。这些问题深深吸引着西方哲学家们。尽管一个完全融贯的道德体系可谓是逻辑学的理想，实际却并无可能——这一点仍然有道理。（东方圣贤们通过教导以"不执"（nonattachment）来回避悖论。）最后，一些风险虽然本身被承担，却从未走进决策过程，因为它们没有被察觉，或者，即使有所察觉也不算作可决策之事（就像美国中西部土壤侵蚀那样）。

效用理论对风险问题还能发挥更多作用。阿莱坚持认为偏好存在巨大的不连续性，这意味着风险偏好最终会映射为效用函数的某些方面。风险不能再被视为相互等价之物。昌西·斯塔尔（Chauncey Starr）犯的便是这样的错误，他试图把所有风险归并于一个单一的衡量标准，比如以天数衡量致癌软饮料、交通事故和运动风险对预期寿命造成的影响。或许这将开启一些重要议题，让研究者们试着构建类似文化效用树（Strotz，1957）这样的风险树——枝干由具有可比性的赌项集合组成。每种文化都会有一株风险树，它以特定形状呈现，对应着该文化既定的接受程度。不过这棵树要从何构建呢？不是从物质需求的层次，比如反映工人预算中面包或食物稳定需求的恩格尔系数。需要（want）的物质基础已经过多分散了经济理论的注意力（Douglas and Isherwood，1978）。当昌西·斯塔尔将人们自愿承担的风险与其他那些被强加的风险区分开来时，他已经走在了正确的道路上。要想理解对风险的不容忍，就需要把社会的需求模式与潜在的风险可接受性联系起来。

再想想那位滞留的旅行者。他究竟为什么要匆忙离开？可能他父亲即将在巴黎逝世。可能他要举办婚礼或参加考试；还有可能业主要取消他的按揭贷款，除非他即刻而至。无论我们提出多少合乎情理的理由，都属于他人要求他到场。要不是出于社会压力，他尽可以留在马赛，找份工作，然后实施决策理论指定的那种最大化策略。风险树的首要分支之一很可能对应于日程差异的数目，这些日程差异意味着一个人在特定的时间和特定的地点承受损失的痛苦，因为这种社会组织复杂性使得人们偏好的风险策略有着很大不同。

复杂性

在罗素·塞奇基金会支持下，少数人类学家与计算机科学家开展合作，致力于共同研究出一种度量社会组织相对复杂性的方法，使其为这类比较奠定基础。请参见道格拉斯（Douglas，1984）以及道格拉斯和格罗斯合著的文章（Douglas and Gross，1981）。

弗里德曼和萨维奇（Friedman and Savage，1948）就社会组织如何影响个人的风险态度提供了一些有趣的见解。二人设想了两个性质不同的社会经济水平——一个高收入一个低收入，中间还有过渡地带。收入增加会提升一个消费单元在其阶级中的相对地位，但不会将它转移出去，而是产生了边际效用递减。在这个想象的经济体中，低收入群体与高收入群体的效用曲线是下凸的，中间群体则不是这样。由于边际效用下降，低收入单元会反对小额投机，也许还会反对所有的投机行为，即便他们可能会被公平的投机（小机会、大收益的投机模式）所吸引。而过渡地带的单元会被每一种小额投机和部分大额投机诱惑："他们将不断投身于风险。"正因如此，依靠投机的运气，他们要么上升到经济水平较高的部分，要么下降到经济水平较低的部分。这也为弗里德曼和萨维奇推测高收入和低收入群体相对收入的稳定性，以及假定中等收入阶层单元的地位（status）存在相当大的不稳定性提供了依据。由此，二人又设想出一个效用曲线不会产生边际效用递减的经济体。

在此情况下，高收入的消费单元"几乎不会错过任何投机行为，同时几乎可以肯定，今朝还是高收入的人，明朝不会再拥有这么高的收入"（Friedman and Savage，1948：303）。我们还可以补充一点，如果高收入群体中的每个人都始终在"豪赌"，标准化的公众态度将是一致的：一种对冒险容忍度奇高的文化应运而生。因此，效用分析可以成为思考价值与经济结构的关系乃至思考技术风险的源泉，尽管作为一种思想资源（intellectual resource），它在这方面从未得到太多挖掘。这些推测与那些建立在支持冒险的社会条件上的实证研究如出一辙。

社会阶级的冒险

关于社会等级与冒险行为的关系问题，尚未形成共识。尽管罗杰斯（Rogers，1982）和休梅克（Rogers and Shoemaker，1971）明确肯定了两个变量的正相关性，坎西安（Cancian，1967，1972）却指出，它们在所有阶层间均存在负相关性。在上层阶级实际享有一定安全感的情况下，很可能这种负相关性只能从中产阶级身上观察到。即便坎西安声称有关玛雅玉米种植者的材料支持他的观点，但是加特雷尔（Gartrell，1972，1973）从方法论和实质性基础（substantive ground）两方面对他发现的有效性提出了质疑。

如果这些问题在弗里德曼和萨维奇的理论框架中得到了明确的研究，这场辩论或许就不会这么定论寥寥。我们可以问：什么样的社会条件或经济条件会影响效用曲线的形状？在食品、服装、住房和度假方面，新技术的出现或者资源的扩展（或两者结合）能够突破文化对人们接受程度的控制。问题的关键在于确立一种社会经济环境，在这种环境中，新形式的社会事项受到的公开且标准化的限制很弱。不过，是什么让它受到的限制减弱了呢？第一个答案是，任何对社会边界和等级体系的重大干扰都会产生这样的影响。

在弗里德曼和萨维奇（Friedman and Savage，1948）笔下，人们想要逃出封闭社区的桎梏似乎显而易见。他们可能是对的，也有可能错了。他们声称：

对一个非技术工人（unskilled worker）来说，相比起来，可能他更想要的是一份确定的、与大多数非技术工人相当的收入，而不是一场精算公平（actuarially fair）式的赌博——最好的结果是让他跻身最富有的非技术工人之列，最坏是让他沦为身无长物之辈。不过，也许他能抓住一个公

平的赌博机遇，一个助他脱离非技术工人阶级的
微末机会，让他进入"中产"阶级或者"上层"
阶级，即使比起其他赌博，这更有可能让他沦为
身无长物的非技术工人。（ p. 299 ）

这番论述颇具争议。有大量社会学文献讨
论低收入群体是多么不愿意为教育买单，把它当
作进入高收入阶层孤注一掷的赌博。从一个界限
分明的社会，一跃而入失范的世界，这往往令人
感到十分忧虑，对于前者，人们只能从中获取有
限的荣誉，而对于后者，任何事情都是容许发生
的。在涂尔干（ 1952：246-76 ）眼里，这种转变
很容易引发自杀性抑郁。诚然，与严格公理化的
选择理论相比，这些与经济对风险规避的影响有
关的子假设，不仅显得杂乱无章，而且在很大程
度上属于推测，但它们仍然被主流社会学直接采
用。我想，最起码该有一场辩论，让这里提及的
各种相关研究一较短长。

第五章　自然风险

概要：本章将指出，在责任分配的制度化程序中，选择性关注特定危险的文化过程始终在发挥着作用。指责受害者、指责受害者父母或是指责局外人都是众所周知的策略。

目前，关于人们如何感知源于自然的危险这一问题，存在一种误导性假设。台风或者地震最初的物理迹象只是出现在地平线上的小点，人们对它们的解读充满了不确定性；随着这些迹象渐渐趋近，错误认知也在不断累积，最终灾难降临，令人猝不及防——随机地有所预见的，是专家，而非受害者。这种对感知的物质性看法（physical idea）与对公众的消极看法继承自早期灾害社会学研究，那时感知问题完全不受关注。

灾害研究

从 1942 年到 1962 年，二十年间（自 NASNR 委员会算起），灾害研究关注的焦点是灾害影响评估、救援和灾后恢复（见 Torry，1979a）。斯蒂芬·威西（Stephen Withey，1962）有关"碎片化和模糊化的危险迹象如何产生不同反应"的研究算是一个例外，他将有效预警定义为一种随着相互矛盾的信息的数量而变化的事物，这很接近文化上灾害预期的标准化说法。

对待灾害问题，真正的人类生态学方法会结合当地的社会－自然系统组织模式，并考虑让人群得以恢复的预期性、补救性制度。

这样的做法更符合其他领域对感知的理解，同时也与人类学如何在自然原因与人为原因之间分配危险的教益兼容。在这里，有人会认为灾害并非完全不可预见。即便灾害带来的威胁具有全新的形式，它在未曾为人们所预料到的情况下也能被贴上标签，并归入现有的责任类别中去。人们反应中存在的不确定性会被那些众所周知的规程、谚语和道德准则刻意降低，而对危险可能性的先验感知，则会被纳入制度结构。即便人们已经警觉危险来临最初的征兆，但他们的注意力会集中在那些他们预计会使损失加剧的道德与政治缺陷上。并非全部、但有一部分危险的认知已经由文化筛选。人们对风险的反应已经预先编码为各种适当的行动，比如公开质询、惩罚或者撤销支持。风险感知调查问卷无法触及这种程度的意识：首先，它们认为自然与文化间的界限乃是先天赋予；其次，它们将事实与价值分离；最后，它们认为制度结构是理所当然的。当然，最重要的是，即便调查的设计者有兴趣挖掘潜在的假设，这也超出了调查问卷可及的范围。

作为借口，有些人会声称人类学家对稳固文化（stable cultures）的洞见与现代社会并无干系，毕竟我们正面临着前所未有的技术危险。可以对这种说法予以肯定答复——如果把关注焦点放在物理危险上，那么人类学的洞见的确无关紧要。不过，如果我们对公众感知有兴趣，那么焦点就应当放在制度而非危险上。人类学的功能论坚持认为，人们对危险的预期往往已经被制度化，以便能够稳定和支持当地政权，无论关于危险的预期可能是什么。这一见解正是基于涂尔干对犯罪的社会功能分析，紧密遵循他的"神圣"之理念（1933，esp. chap. 2；也可见于 Douglas，1966）。对涂尔干来说，罪行具体是什么并不重要，只要它是十恶不赦的，足够唤起法律与秩序方面的激情。即便是全新的犯罪也会被制度化为同样的公共事业，种族灭绝在我们看来可能是一种新的犯罪，然而它依旧属于扩展了类别的谋杀罪。我们同样可以预见，哪怕是全新的、各异的危险也将经历制度化。接下来迫切需要询问的是，什么样的制度结构支持什么样的危险感知。面向整个社群的制度对涉及全社群的威胁更为敏感，比如干旱或者流行病；而面向地方的制度则对当地灾害更为敏感，比如牲畜损失或者枪击案件。

开发这种方法需要明确一些设定。首先，我们可以假定制度的建设与维护是一个理性的过程，在其中，个人通过与自身目标以及复杂的选择协商，实现制度某种程度的可行性；我们也可以假定，监控这一过程的各个方面都会援引道德原则和逻辑连贯性。此外，我们还可以假定，只要能够就所有的目标达成一致，一个制度的组成成员就会在需要避免之事上形成合意。成员间相互谈判的主题之一，便是协商那些他们不愿承受的具体损失的类别。他们可能需要防范偷牛贼或是维持灌溉以缓解干旱，又或是维护堤坝以防止洪水泛滥。一些公认的风险和共同的目标因此一起被写入协约。我们可以蛮有把握地假定，制度在阻止好奇心的同时也会奖励对它的沿袭。由于关注一种危险会将注意力从其他危险上引开，因此知觉监控（perceptual monitoring）不会是随机的，而是一种正在实现的组织之功能。

好奇心的社会控制

文化作为共享设定与价值观的概念意味着某种类似思维模式的东西：预先认定一些问题与解决办法可行，然后把其他问题与解决办法同样引入背景中。巴兹尔·伯恩斯坦（Basil Bernstein，1971，1973，1975）曾分析过现代工业社会中这种编码过程的经验。教育机构内部的组织结构及其倡导的课程类别与他们的学术价值观和学术态度之间有着密切的关系。这一分析是对涂尔干传统中韦伯制度理性思想的一种完善。风险感知研究则受益于罗伯特·K.默顿（Robert K.Merton，1968b）在历史与科学社会学中引领的强大批判传统。如果冒险行为扭曲了社会规则，那么一旦博弈失败，不幸——正如默顿1948年对自我实现预言（self-fulfilling prophecy）所做的著名分析那样——就会降临到冒险者头上。同样，他还剖析了科学家对重要信息的排斥。将风险感知置于这样的视角下并不是什么古怪或者新奇的事，不过是将同一主题不同部分相互引鉴而已（Barber，1961）。

下一步是假设大多数制度倾向于通过公开的责任分配解决自身的一些组织问题。当然，这些问题和归责程序因组织类型而异。最后，灾难的威胁将激活那些重申成员对制度目标承诺的机制。

在这些程序下，自然可以变成敏感的道德测量仪——它有时被看作严厉的法官，审判普遍的道德失范，就像用地震和台风来惩罚全人类的罪孽；有时被看作敏锐的评判者，审视隐秘的私人犯罪。由于这些见解被认为是原始宗教的一种倾向，一些例子将有助于减少我们（现代人）与他们（原始人）这类令人分心的老旧分歧。我们也把自然的力量用作社会性胁迫的手段。

首先让我们考虑那种把责任归咎给受害者自身的可能，这是自我实现预言主要的类型。在受害者去世后，这种策略会阻止活人再被当作替罪羊，它会迅速结束纷争，允许调查委员以自然原因、意外事故或者人为错误来下定论和结案，从而以自然的名义，让所有人摆脱困境。阶级霸权正是以此种伎俩将正义机制带入它的公共事业中，这也是马克思主义经常批判的一点。用谴责受害者来压制针对整个社会体系的控诉是有效的。未婚母亲过去常常受到指责，就好像孩子是靠她一个人孕育出来一般（Donzelot，1979）；病人也会因病情而受到指责（NaVarro，1975，1977）。自然不会让自己仅仅站在阶级斗争的控方席上。在各式各样的情况里，指责受害者都是极好的撇清责任的办法。当人们将飞机失事的责任归咎于逝世的飞行员，也就没有必要进一步调查航空管制是否充分或是飞机是否适于航行——每个人都乐意到此为止，除了飞行员协会觉得这对他们的职业有害。认为麻风病与乱伦有关的传统信念遍及整个非洲大陆，这种痛苦、不雅的痼疾为麻风病人的同伴带去了同情的负担。撇清责任还有一个妙招是暗中控诉性丑闻才是造成一切的根源。当一位母亲在分娩时死去，许多国家都会把通奸当作导致她死亡的可能原因，帮助她分娩的努力侧重于劝诫她忏悔罪过，好让适当的药物能拯救她的生命。死于分娩是自然对那些有不忠嫌疑的女性发出的警告。19 世纪那种女性天性脆弱并且易受精神错乱影响的观念，有助于确保女性顺从她们在婚姻选配中被动的角色（Skultans，1975）。于是，那些被认为天性脆弱的人群，被牢牢地贴上了潜在受害者的标签，"处于危险状态"成了控制这类人群正当的理由。

在现代工业社会，穷人（特别是孕妇和贫困妇女）正遭受着营养危机，他们的脆弱性给了整个社会转嫁责任的可趁之机，作为获得少量援助的条件，社会有权对他们的购物和饮食实施严格限制。如果他们或他们的孩子最终被击垮，就可以拿他们拒绝官方帮助来解释为何认定他们是咎由自取（Deutsch，1982）。

当责任的重担从受害者转嫁到他最亲近的人肩上，自然在确保人们遵守道德方面甚至更为有效。近亲不能抱怨，因为他们知道自己本就是受指责的对象。所以残疾儿童的父母想知道自己究竟是做了什么才造成了孩子的悲哀——他们是在孩子出生时做了什么无情之事吗，还是之后？这种倾向在非洲一些社会表现得更为明显，因为它们把特定灾害与特定的不当行为联系在一起：如果一个战士的妻子在他身处险境时犯有不忠，那么他在战斗中就会机会渺茫；等到他负伤回家，他的家人就知道该把怀疑落到谁头上。分娩与战斗是真实的危险，但危险也可以是编造的，好让责任准确地落到正确的地方。在 20 世纪 50 年代的英国，中产阶级的妻子们开始反抗习俗、争取高等教育和外出工作的机会，鲍尔比（Bowlby，1951）的母爱剥夺理论盛行一时——诊所向焦虑的年轻妈妈们解释灰雁早期印记[*]的意义，并警告说，如果她们还要坚持工人阶级母亲那种外出工作的习惯，自然就会反击她们的做法，让她们的孩子丧失身份认同和爱的能力（Ainsworth, 1962）。一个无爱可诉的孩子——这样的制裁就像告诉非洲的母亲她将失去自己的小宝宝一般。在自然对亲人的威胁里，人们看到了自身责任所在。

　　这些用自然控制女性的例子可能给人一种性别歧视的有误印象。其实，父亲也可以通过强调自己对分娩的重要性，来明确他对妻儿的权利。在那些没有嫁妆或者结婚协议来表明身份地位的地方（比如许多狩猎和采集社会），拟娩习俗强调了父亲与婴孩降生、安全分娩之间的身体联结。过去一百年间，我们目睹了一场发生在我们西方人里的态度革命，那就是分娩时父亲在场。如果父亲能在这件曾经完全由女性负责的大事上发挥作用，那么孩子将会有一个更健康的出生和更快乐的性格。当夫妻双方面临婚姻关系弱化、子女教育成本增加、从属关系和赡养费问题时，我们很难坚持认为这种变化与明确亲子关系义务

---

[*] 编者注：奥地利动物行为学家 K. 劳伦兹进行动物实验，发现灰雁幼雏对出壳后首先看到的人类产生印记行为，尾随人而非母雁。

（obligations of paternity）无 关（Douglas，1975；Paige and Paige，1981；Lewis，1982）。

无论自然被当作法官还是受害者，这一过程都是高度政治化的。有关自然的观念被用以施加压力。工业污染就是自然母亲要求人们屈服的一个例子，这是最有力的胁迫——"你们这些孩子要是再不停手，我就要心脏病发作了"。相互问责还涉及自然在更高政治层面上的干预。通常情况下，一位非洲领导人会声称他可以接触祖先，这些祖先能通过阻止降雨或传播疫病来惩罚政治上的不服从。但是追随者们不会轻信于他，也不会消极被动，如果他们不认可领袖，他们会声称是他的领导无方而不是他们的不满导致了灾害天气，从而利用气象条件来证明改朝换代名正言顺。同样，大多数政治领导人都喜欢把人民遭遇的所有麻烦都归咎于外敌。不过这比归咎给受害人及其亲属更难维持下去。这是一种推卸责任的做法，从长远来看，它无法带来选票。未来的领导人不可能永远绞着手说，"这是敌人干的"。有时他需要指出敌人在哪儿以及他打算做什么。

记住这些让自然参与社会过程的可能性。由此可知，人们的可接受程度立足于面向整个社群的社会审计发展历程。问题不在于哪种危险最令人担忧，而在于在我们所能识别的不同类型社会中，哪种对不幸的解释最有可能发挥有效作用。那么，是否存在我们可以识别的模式呢？

我们早就认识到，可能发生的最严重危害已经转化成了广受宣传的风险。承担风险的个体在反抗社会约束带来的满足感与遭受可怕的自然灾害带来的损失之间权衡利弊。风险感知专业论述的任何部分都没有涉及风险作为一种强制手段的使用。想达到这一目的，就需要对那些已为人所意识到的风险的系统维持功能作出假设。系统在此类讨论中将是一个社会的组成单元，它利用自然带来的危险确保成员遵规守矩。

显然，指责受害者的策略在一种情况下有效，而指责外敌的策略则在另一种情况下有效。指责受害者有助于社会内部控制；指责局外人则有助于提高忠诚度。两种"花招"都意在防止社会因异议而走向分裂。致力于以公开对抗原则为基础的社会的成员，不太可能相信这两种对灾难的老套反应。在此列举的例子只是表明，厄运的发生率可能被用于政治目的。至于支持着它们的政治制度以及归责和免责的模式，还有待进一步辨别。

风险喧嚷着寻求人们关注；可能的危险从四

面八方涌入人们的生活，渗透进每一句话、每一步行动。加诸芸芸众生的理性人（假设）就会失灵。公认的风险感知理论主张，选择的理性原则会把事件的概率与其价值结合起来。然而人们往往把注意力放在中等概率的危险上，忽略高概率的危险。发生在家中或道路上的事故往往会造成沉重的损失，但要让普通住户或驾驶员采取有效的预防措施，比如给家中地板铺设防滑面或者驾驶时系好安全带，却是一件相当困难的事情。与此同时，人们还会忽视许多后果严峻的低概率风险（比如洪水和地震）。一些正在发生的事把人们的注意力攫取到了特定的风险上，屏蔽他们对其他风险的感知。可以说，公共道德判断在有力地突出特定的风险。广为人知的风险通常与道德原则合法化（legitimating）有关。

合理性结构

风险可接受性这一主题可以被放在合法性（legitimacy）的概念范围内，以及通过分析有关世界的想法经合理化成为可以证实的事实的过程来进行富有成效的讨论。在彼得·伯格和托马斯·卢克曼（Luckmann，1966；Berger，1969，1978）关于合理性（plausibility）的社会基础的开创性著作中，他们比较了这种合理性与它的对立面（即不合理性），并比较了原始社会和现代社会的刻板印象。引入各类正当化过程（legitimation processes）以及由此产生的不同世界观将丰富对这一点的讨论。

道德关怀不仅指引着人们对风险的反应，也指引着基本的感知能力。举个例子，比较一下不同行业应对丑闻威胁的办法。专业组织（professional organization）越是强大，它就越要坚持对成员实施内部监督和惩罚，越严格地划定专业认证的界限，以及越严酷地威胁要驱逐那些犯错的成员。而最关心自身在整个业界内集体声誉的行业更倾向于保护成员，只有在驱逐违规者的情况下，它才会公开批评行为不端的典型案例。

职业忠诚

当伯明翰 1978 年爆发的天花疫情受到调查时，《泰晤士报》（January 7，1979）注意到："舒特（Shooter）受政府委托所做的报告带给人压倒性的印象是，一群专家在社会上和职业上紧密相连，无法做到批评同事……旨在防止此类疾病爆发而设计的系统已被一系列失察、欺骗以及相互勾结给暗中破坏了。"

相比之下，美国医生在过去十年间越来越容易面临起诉。在巨大的不确定性和生死攸关的问题面前，他们被迫承担起全部责任，所以"美国医生似乎偏爱最糟糕的情况"这一点也就不足为奇了。威廉森（Williamson，1981）认为，正是这种四处受敌的心态促成了美国在猪流感问题上惨痛的失败。我们可以系统地调查承担公共医疗风险的两种不同态度背后的制度支持。

与英国相比，美国的疾病控制中心必须和一个更为松散的专业医学协会以及一个更弱势的官僚团体合作。面对批评，英国的医生可能更多会相互帮忙、彼此打掩护。掩饰的手段愈是专业，就说明他们在专业上底气愈足。人们可以预见，未经测试的药物在英国上市会带来更大的危险，但也可以预见，开发和销售新的有益发现会更快地获得许可。1976 年，美国和英国的专家在全国范围内针对疑似新发的重大猪流感疫情采取预防措施，他们从相同的证据中得出了完全不同的结论。英国人冒险判断猪流感不会构成威胁，而美国人则在全国实行疫苗接种，不过，最终猪流感的威胁没有发展下去。这一案例表明，在一个强大的公共组织下，免受批评和指责会促使人们更少地规避风险。如果一个社会有足够的力量保护决策者免受指责，那它就能够采取大胆的公共政策去支持寻求风险之举。另一方面，等级制社会也会尽力抹平不同年岁间的起起伏伏，以便差异化的报酬与既定的地位保持一致。

让我们来比较一下很有可能是从两个截然不同的社会组织类型发展出来的宇宙观。（1）想想那种成员期望加强社区纽带的社区——团结的承诺愈重，他们就愈不愿意挑起内部冲突。社区总是脆弱的；如果成员们想要防止群体走向分崩离析，那他们就需要相互告诫，把个人的欲望交由社区控制。所以他们会用祖先和他们引以为豪的传统来提醒自己。设想一下，为了减少自相残杀式的冲突，他们着手建立起清楚、明确的分隔，保护一个等级的子单元（subunits）不受侵犯，并使社区本身与外界隔绝。这样的社区不会希望离经叛道者和落落寡合者挑起分歧和争斗，也不愿见到权威遭受挑战。它会设法减少政治的讨论。

　　它也会更喜欢把灾害的责任分配给受害者及其亲属。在这样一个社区里，"停止归责"的策略让整个宇宙在道德上变得敏锐起来：每一丝痛苦和损失都会被看成是意图明确的谴责，每一次庄稼歉收或者干旱都是一种惩罚。也许将指责转移和阻止其范围扩散带来的压力会造成无法承载和忍受的负罪感。因此，类似的社区会创造补偿（expiation）机制。由此而产生的结果是道德上的惩罚以及调停式的（conciliatory）宇宙——一个等级制的社会发明，在宗教背景下蓬勃发展。

　　（2）我们接下来要考虑全力保障私人企业和公平竞争的社区，其运作、服务和等级制社区的道德化宇宙截然不同。对这类怀有对抗性思维的群体来说，"成员出于内部争斗而受到大自然惩罚"——如此说法根本行不通。他们的社会制度正是建立在内部冲突之上。当每个人都把对抗当作行使正义的条件，他们已经准备好见证领袖巨擘崛起、召集追随者、挑战对手以及公开对决，暂时分出权力与地位高下。这是一种完全不同的社会，基于不同的社会价值观念模式。

　　要想保障这类社会常焕常新，一个中性的宇宙观是最好的选择。自然必须摆脱道德的偏见：自然的力量可以被分割，以便为不同的竞争者效力，而不是对社区做出单一的承诺。道德上居于中立的各种力量可以为个体所利用，并被纳入他们的事业中。社会的个人竞争越激烈，不幸所带来的寻常损失就越会被归结于对手生来就拥有幸运的命数、秘密资源，甚至上升到需要用宇宙原理解释的鸿运。这类社会绝不会回避派系斗争；它允许成员调查灾难的起因，进而激起派系斗争。成功的"明星"总是想要叫停激烈的竞争，兴许还想围绕他和他的继承人，把官僚或者贵族给制度化。但也有人通过公开对抗的策略使系统保持流动性：恰当地解释灾祸为新星冉冉升起创造了空间——更好的成功秘诀、天赋、神圣性或者运气在握；而当这位新星开始走向失败，同样的理论也会容许他的追随者飘然而去，说他的技术已经衰落，他的魔鬼抛弃了他，或者他已经耗尽了自己的运气。人们不再怨天尤人，而是想方设法宣称对已经发生的事情负责，就像政治恐怖分子做的那样。在追逐自身目标的过程中，每个行动者都在不断结盟，又不断脱离盟约：不成功的运作会让他们迅速失去热度、脱离市场；个别巨星则会横空出世、独领风骚。宇宙观维系着像是超级巨星成功的票房簿一样的事物。它证明了每个人都需要对结盟之事做好改变的准备。有大量的人类学文献涉及巨星式宇宙观。这一过程最原始和清晰的记述，描述了祝福（baraka）或圣洁的要求是如何在伊斯兰教社会里得到确认的（Gellner，1969）。

现在，强烈的反差出现了。当实践的智慧告诉人们扈从（Band-wagoning）是最好的政策时，任意一种对抗的结果却表明，从一个领导者转向另一个领导者才是正确的。在道德化的等级制宇宙中，自然对其忠实的追随者而言是完整且固定不变的，而在对抗式文化里，自然的各种关键性片段都变化无常。文化上对风险的不同态度，不过是不同社会安排的一个局部而已。

在现代工业社会，督查机构（inspectorate）专门从事危险预测。一种新的研究文献正在兴起，它表明在美国（更具对抗性和公共性，依照固定的全国性预防条例操作）和在英国（督察员和生产者共享社区，具有更灵活的规则，更高的成本敏感性和适应当地情况的规章制度），督查机构的角色在构思与执行上是多么不同。

督查机构

三里岛核事故的柯敏尼报告（The Kemeny report, 1979）指出，美国核能管理委员会（NRC）内部没有任何部门专门负责检查人–机接口。同时，该报告明确认定这个接口属于组织的效率和控制问题（pp. 53, 55）。然而很大程度上，督查机构会受到设置它的更大社会所抱持的文化偏见的影响。事实上，我们在英国和美国可以看到两种截然不同的、有关督查机构的作风与职责的论述。埃里克·阿什比（Eric Ashby）代表前者，他更喜欢一种已经发展了两个多世纪的实用主义模式，我们最好以"它不是什么"来为它定名——一种非政策性、非对抗性方式、非普遍主义的、非预防性的和非强制性的——一个独特的良性系统，人们从中"排除不切实际的想法"（Ashby and Anderson, 1981: 153）。一些研究者对这个系统能表现出多大成效抱有疑虑，但是两种不同的督查机构传统已经得到了广泛的证实。美国的论述涉及公平、成本–效益、效率、强制和防止串通共谋（Crandall and Lave, 1981）。如果每一种督查机构的传统都深深根植于文化价值观中，那么相对有效性的问题就要让位给这样的问题——一种模式能否成功移植到另一种文化中。这项研究需要比较其他的体制结构和保障措施（见 Douglas，1983），如果它不以对神秘的文化价值观的虔诚致敬告结的话。斯蒂格勒（Stigler，1975）质疑了监管机构的成本效益，同时也为我们做出更恰当的比较研究提供了一些指导方针。

这些不同的程序直接对应着文化的差异。摊牌或者掩盖事实的呼声，呼应了人们对"美好社会应有的模样"做出的深刻承诺。

到目前为止，我们已经用两种社会——每种都有其独特的归责宇宙观，阐明了风险感知的文化分析。一种是对抗型社会，另一种是等级制社会，之所以如此挑选，是因为它们和当前对社会根深蒂固的类型化分类极为相符。（见第八章）反思这一普遍问题需要一个比较人类社会的基础，使之既不会因技术力量、文化水平、规模以及已知传统的时长等差异而被扭曲，同时也能揭示家庭或者部落、工厂或者办公室的价值观模式。

第六章 可信度

概要：本章将探讨信息的可信度、谣言传播以及信息的社会控制。

根据公众风险感知的相关研究，人们经常低估熟悉情况下的风险和低概率的风险。他们对媒体报道的戏剧性事件（如载有电影明星的飞机遭遇空难）忧心忡忡，对平淡无奇的损失（比如死于哮喘）却不会有这般担忧。

显著性

"显著性"（salience）使一种诠释比另一种诠释更为可取（Tversky and Kahneman，1974）。不同类型的显著性被用来解释在不同社群或不同时期之间，感知存在的差别。在试着区分感知过程时参考显著性是有价值的，不过，鉴于它们没有成为文化上习得的编码——这些编码提供了选择和关注的原则，所以它们只能用来表明专家与公众之间观点的差异（Slovic，Lichtenstein and Fischhoff，1979）。

龙卷风和地震最近造成了大规模灾害，媒体给予它们的关注可谓"显著"，不过最终，这种显著性与新近性（recency）很可能隐没在熟悉的背景里。这样的走向并不出乎我们的意料，但是劳利斯（Lawless）发表在凯茨（Kates，1978）书中的研究（1974）表明，公众越来越关心如何缩小关于技术风险的媒体报道与官方响应之间的隔阂。媒体和游说团体都在努力获取"显著性"。

一个把最糟糕的情况政治化使用的例子是这样的。最近，忧思科学家联盟（the Union of Concerned Scientists）发出了一封信，信中包含以下陈述："这些都是事实。一家工厂发生一次事故就可能导致多达45000人死亡，造成170亿美元的财产损失，污染面积相当于一个宾夕法尼亚州大小。"注意，信中并没有提及这种最糟糕的情况的出现，在概率上是何其微小（Slovic，Lichtenstein，and Fischhoff，1979）。

我们第一个有关风险感知的问题是，为何这么多人身为外行，会认为日常危险是安全的，并且在无能为力时，依然认为自己有能力应对危险。如果从常识的角度去看风险，就不会对这一点感到困惑。合乎常识的看法把人置于一个与同伴彼此依存、互相提供或者退出支持的社会环境中：鲁莽、吝啬、疯狂或怯懦的名声会摧毁个人获得社会帮助的机会。若是其中一群人不理会某些明显的风险，那一定是因为他们的社会网络在鼓励他们这样做。在很大程度上，他们的社会互动可能对风险进行了感知编码。

风险转移

在此，应当先总结一项持续不断的努力，即预测社会群体对风险态度的影响。一些社会心理学家在检验从众假设（conformity hypothesis）时发现，检验数据为相反的假设——风险转移（the risky shift）——提供了若干证据，这表明群体会比个体做出更具风险的决定（Stoner，1961；Nordhoy，1962）。社会心理学家满怀热情地追寻这一假设，直到 1971 年。自那时起，越来越多的学者从概念和方法论出发，对风险转移的研究文献提出质疑（Myers and Lamm，1976）。现在这种现象与风险本身没有多大关系似乎是一项共识；风险转移研究被重新归类为"群体选择转移"或者"群体态度分化"。大多数研究都使用一款名为选择困境问卷（Choice Dilemmas Questionnaire，以下简称 CDQ）的设计方案，有关 CDQ 的描述请参见瓦拉赫、科根和特姆的研究（Wallach, Kogen, and Bem, 1962）。另一种替代方法涉及赌博研究，请参见扎荣茨等人的著作（Zajonc et al., 1968）。还有许多理论被提出以解释风险转移现象。风险即价值理论（risk-as-value theory）认为承担风险具有文化价值（Brown, 1965）。在维护文化价值方面，个体往往自认为比其他人做得更成功；当他发现自己所做的选择实际不像其他人那样有风险时，便会转向更大的风险。这一理论的变体请参见普鲁特（Pruitt, 1971）和弗雷泽等人（Fraser et al., 1970）的研究。该理论的实证检验请参见卡尔森和戴维斯（Carlson and Davis, 1971）的研究。另一种试图解释风险转移的理论可以被称为责任扩散理论（diffusion of responsibility theory）。该理论认为，群体之所以倾向于做出比个体更为冒险的决定，是因为有人与他们共同承担决策的责任（Wallach, Kogan, and Bem, 1974）。关于这个理论的变体请参见迪翁、巴伦和米勒的研究（Dion, Baren, and Miller, 1971）。

专业的风险分析视个体为决策单元，排除选择可能从周边社会获得的任何道德或者政治反馈。"理性人"在理论中是去文化的。但是从常理来看，所有的选择和决定都要经过协商，"理性人"应该是一种价值观和选择根植于特定文化的存在。这种对文化观的微妙表述可参见亚历山大的说法（Alexander，1979），对他来说，文化在进化论上意味着：

就每个人出生并走向必然的成功或失败的大环境而言，其核心因素是由先于我们而存在的人类集体在历史中逐渐发展起来的，它具备一种对个人意愿而言难以控制的惯性……个体的奋斗会是通过善用文化（未必要改变文化）来促进自身的再生产……无论是立法者立法、法官释法、警察执法，还是律师运用法律、公民遵守法律，又或是犯罪者规避法律，这些都无关紧要，一切行为都可被视为法治社会下的特定策略。

我会在"被积极调用的传统智慧"这一意义上使用"文化"一词。鉴于文化容易被拔高（比如"高等文化"），或者被贬低为一种残留的解释

（比如在理性的动机似乎不充分时），因此，一个对文化不那么令人迷惑的描述将有助于论点的展开。文化是公众共享的原则和价值观的集合，在任何时候，人们都会用这些原则和价值观来证明行为的正当性。人类的行为本身被引导到公共制度中，原则和价值观维持着制度生活的形式。由于这种生活发生在给定的环境中，伴随着给定的物质资源、开发技术以及政治压力，因此一个时代与地方的文化就代表着当时解决政治与环境问题的办法。在很大意义上，它就相当于多重成本－收益分析，平衡所有依赖于他人决策的个体的利益。正是在此意义上，"文化"一词对应着个体的社会环境意识，兼具对抗性与支持性，个体身处其中必须为自己的利益而斗争，以及代表社会、以社会的名义去斗争。

因此，文化也意味着人们知道在每一个重要转折点上都应展开协商和谈判，并对无争议的问题一笔带过。文化似乎是识别危险的编码准则。作为判断风险是否适于显现的标准，文化构成了责任分配的一部分。它们是社会生活的基础。当一个人被问及他所承担的风险时，他必须从某些已在文化上确立的、应有的谨慎行为规范出发去回答。正因如此，一位勇敢的登山者会吹嘘他如何不会因为糟糕天气而退缩；一位顶级滑雪运动员更乐意夸耀他如何爱护器材。二者都否认自己在冒险，并且坚称自己规避了愚蠢的风险。听了很多年著名战役的老生常谈后，军事领导人不得不为他们指挥的部队承担起风险；他们知道如果自己胆小怕事或者鲁莽行事，就可能要因那付出生命代价的误判而被放逐甚至被军法审判（Keagan，1976）。每个病人都知道，病人的职责包括与亲友商议，接受他们的建议，或是在病情恶化而又未采纳建议时顶住他们的怒火。决策听从哪个从业人员或哪个政权属于公共批评的范畴。

感知疾病

　　人们在日常生活中对风险的感知和对疾病的感知很相似，可能都受到应对能力、责任感和互惠性的标准化感知的直接控制。在家人与邻居之间应该与谁商议？应该选谁做内科医生？后者的权威和可信度从何而来？在医学社会学中可以找到一些相关研究探讨编码这些问题的社会过程。采纳病人角色的个体会发现自己是一个治疗集体的成员，并且自己获得的建议取决于该集体的网络特性（network characteristics）（Boswell，1969；Henderson，1935；Jantzen，1978；Fox，1980）。

最顽固的赌徒拒绝接受冒险的指责，他们坚持认为自己玩的不是运气而是技巧。

赌博

比起赌赢的金额，赌徒们声称他们更重视赌友的技巧。英国的研究也表明，经常参与各种几率游戏的玩家宣称成功的秘诀在于技巧而不是运气（Downes，1976；Zola，1964）。

一个人越孤立，他的社交网络就越脆弱和分散，他的决定就越不会受到公众审查，他所能接受的风险标准也就越能够由自己来设定。但是，只要有社群存在，风险的可接受标准就要经历辩论，并在社会上得到确立。这项活动构成了定义社群的基础。

一个社群会利用它共有的、积累的经验来确定哪些可预知的损失最有可能发生，哪些可能的损失最为有害，以及哪些损害可以预防。社群还构建了行动者的世界模型，以及判断不同结果是严重还是微不足道的价值尺度。

合理伤亡

野外生存课程由拓展训练公司（Outward Bound）组织，该课程旨在"通过压力性身体挑战培养个人自信心和技能"。1971 年至 1979 年间，有 12 人在参与该课程时死亡。1978 年在墨西哥西海岸的一场风暴里，三名参与者在划独木舟时死亡。两名受害者的父母指控拓展训练公司玩忽职守，并提起了高达每人 100 万美元赔偿金的法律诉讼。1977 年，另一位女性在参加户外登山课程时去世，她的父母向该公司提起诉讼要求赔偿 250 万美元（《纽约时报》，1979 年 11 月 15 日；《新闻周刊》，1979 年 12 月 3 日；《华盛顿邮报》，1979 年 11 月 23 日）。

孩子们被送到冒险学校想必是去学习如何应对危险。然而很有意思的是，为什么对于这些极有可能发生灾难的情况，强烈的抗议来得如此之晚？荒野求生课程在八年内就有 12 名学生死亡，这算是合理的伤亡水平吗？谁会是那种因攀岩课程失去女儿而起诉要求 250 万美元赔偿的人，谁又会是那种已经预先签字表示不会起诉的丧子父母？

犯罪受害者

有关犯罪危险感知的研究表明，社会网络有一些简单的特性会影响人们的恐惧、怀疑以及对应对能力的预期。一般来说，潜在的犯罪受害者对他们承担的风险有充分的认识。低收入群体和黑人更容易暴露在犯罪的危险下，他们对此类风险的认识是准确的。女性和老年人则往往会夸大她们面对犯罪时的脆弱性。这可以用文化因素来解释：女性往往被社会化为具有高风险意识的群体，她们受到了预期自身会遭遇攻击的训练；老年人则是被孤立的，他们的危机感与薄弱的社会支持意识相对应。二者在事实与恐惧之间的低相关性可能正是她们养成的堡垒心态（fortress mentality）所致。她们的脆弱性之所以较低（与她们预期的相比）正是因为她们采取了非常成功的预防措施来保护自己（Garofalo，1979；Balkin，1979）。

为了探究常识观念里可接受风险的标准，一些研究肯定会测试社会力量（community strength）与成员个体评估风险的准确性的相互关系。这方面最具启发性的研究集中于谣言和准确接收或歪曲信息的社会条件。

谣言

根据巴克纳（Buckner，1965）的观点，与谣言有关的重要研究得出的是相互矛盾的结论。他认为，谣言（在人与人之间传递的、未经证实的信息）在传播过程中要么滚雪球式地增加，要么失去了模糊的细节和荒谬的阐述。1969年，一则谣言——阴险的犹太人密谋将女孩交给白人奴隶贩子，在奥尔良引发了恐慌（Morin，1971）。这是一个滚雪球式的例子，谣言成了一个由中产阶级的天主教主妇和女孩宣扬的、全面反犹的"神话"，根据莫兰的说法，这表达了公民对现代主义和地域文化侵蚀的集体焦虑。卡普洛（Caplow）的理论（1947）认为，谣言传播确切渠道的形成，不仅促进了谣言的扩散，而且还提升了它的真实性：战时，不实谣传附带的负面声望日益增长；民众怀疑之情高涨，对客观性的需求导致谣言和其他信息之间被划出了一条明晰的界限；谣言在言说时被贴上标签，可疑的陈述还附有消息来源的名字。而巴克纳的研究则以谣言传播者的社交网络的互联性（interconnectedness）为依据，提醒人们关注谣言发展的差异。以上二者都暗示了规律的互联性与可信度之间的联系（Allport and Postman，1947）。专家的可信度经常因涉嫌既得利益而受到质疑；据说人们怀疑自己过去受到欺骗的程度会影响公众对核技术的认知。（请参考 Piehler et al.，1974）。这一议题的重要性已由森（Sen，1977）对 1943 年孟加拉饥荒期间谣言对粮食供应造成可怕影响的描述表明了。

信息的社会控制这一话题无疑值得重获关注。1962 年，詹姆斯·科尔曼（James Coleman）曾这样提及早期涉及合群性（gregariousness）（社交性）和群体成员影响信息流动的研究："有关初级群体的文献……强调了群体在塑造世界观和制裁个体成员行为方面的重要意义"（Coleman et al.，1962）。而早在 1948 年，利昂·费斯廷格

（Leon Festinger）就已经写道："似乎有足够的证据积累表明，社会关系是信息流动的重要因素，但鲜有证据来证明，什么样的社会关系会产生什么样的差异。"（Festinger et al.，1948）这项老旧的研究缺乏重点，但当它重启时，可以在公众对技术风险谣言的信任问题上，重新找到强有力的聚焦点。

关于主观能力（subjective competence）的研究也是如此。这一概念由阿尔蒙德和维巴（Almond and Verba，1963，1980）在他们对政治文化的重要分析中提出。在社会组织的不同层次上，主观能力似乎等同于风险的自我豁免现象。它意味着，完全不依赖客观标准，一些政治文化在大众间产生了一种他们同样有能力影响政治决策的感觉。不管这种信心是否合理，阿尔蒙德和维巴相信，它是稳定民主政体的重要因素。心理学家会尝试把自我豁免的意识追溯到心理因素上。但相应的政治研究表明，我们应该在社会组织中寻找其根源所在。

我们可以从人们的日常对话、采取的预防措施以及编造的借口中掇拾出常识性的风险观。从根本上看，它是一个责任的概念。理性人以一个负责任、有道德的人的姿态，面对他自身社会里公众批评的公开审问。责任的文化编码也是风险感知的编码。

第七章 寻求风险与"安全第一"

概要：本章将追溯选择理论的一条发展轨迹，它延续了西蒙的有限理性研究。西蒙把注意力放在这一理论所假定的决策背后巨大的智力复杂性上。通过用满意度（satisficing）替代最大化（maximizing），他得以综合诸多对决策单元实际表现的观察，并假定其接受成功或失败的阈值上下限。农业经济学的研究则表明了这些限值是如何在文化上被界定的。

理性选择需要考虑人们设定可接受风险下限的原则。效用理论允许在相当程度上与预期不相符合，以至于超出个体预定偏好的结果出现。恩格尔定律（Houthakker，1957）认可人们对"安全第一"问题的关切。据观察，特定收入分配范围内，越贫困的家户对食物价格变化的反应弹性越低。户主是根据家庭的基本需求对开支进行排序的。在投资分析中，流动性是一个与之相似的概念，据希克斯说，它在 20 世纪 30 年代就已经进入了经济学的话语。一家投资信托或贴现机构的负债必须受到保护："人们渴望比预期更好的结果，却更加害怕结果差于预期——因为不想要的结果可能会影响到相关的非流动性因素……由此影响到确定性的动力。"（Hicks，1962）

游牧部落的做法是一个最简单的限制最糟糕结果的例子，他们通常把一大群牲畜分给数个牧民去分散放牧。这与丹尼尔·伯努利的建议相符，即明智的做法是，把面临危险的货物分成若干份，而不是冒险把它们全都放在一起（Bernoulli，

1738：30，par. 16）。

人们在早期试着理解不确定性下的行为时，把预期收益最大化当作理性的主要标准，不过也认可部分可容忍损失的下限（Roy，1952）。

西蒙的有限理性概念将广义的"安全第一"原则的东鳞西爪系统地组织了起来。本文体现的观点在1962年已初显雏形（见Simon，1979：7），这与其他理性选择理论的著名问题处于同一个短时期（见第四章）。在这一决定性的新发展中，西蒙从两个理由出发，质疑了理性选择理论的充分性。其中一个理由是不可思议的强大智力——据说人们每次做选择都需要召唤它。理性选择理论指望从理性人那里得出的分析实践过于复杂，几乎不可能实现。另一个理由是它忽视了理性人所身处的环境："我们必须准备接受，我们所谓的'环境'存在这样一种可能——在某种程度上，它可能就在生物有机体的身体内。"这样的说法对于认识以下事实很有用：个体的思维装置（包括他对世界的概念和评估），尽管可能存在于自身之内，然而也是他自身环境的一部分。

"满意度"（Satisficing）——西蒙这样称呼简化复杂选择的方法，他认为这比效用理论假设的"最大化"行为更能普遍使用。一家满意型企业（A satisficing firm）会设置达到一定利润水平，占据一定市场份额或者保持一定销售水平的目标。最大化行为不会对可能实现的目标施以任何限制。满意度是适应性行为。在这种方法中，理性选择发生在上限与下限是半独立设置的界限之内。这与心理学对抱负水平（levels of aspiration）的形成和变化的研究一致。它假定在目标与可实现的事情之间存在某种联系。在经典效用理论中，效用尺度的零点是任意设置的；而在这种方法中，适应性抱负水平（the adaptive aspiration）定义了一个零点和上限。西蒙列举的证据还表明，市场份额下降的公司会比市场份额稳定或增长的公司更加努力奋斗。来自农民群体的证据更进一步表明，社会设定的生活标准界定了人们奋斗的上限与下限（Sahlins，1974）。

这一假说启发了众多有关风险承担的实证性研究。然而，抱负水平在很大程度上是由文化标准化的——这一观点的明确含义尚未得到澄清。"地板"与"天花板"又该如何设置呢？

我们是否应该建立一个寻求风险的总量大致相同的人格"安全气囊模型"（An air-cushion model）？如此一来，我们便可以设想，那些拥有非常稳定的工作的人，会选择通过危险刺激的休闲运动——跳伞、滑翔或者赌博来释放自己追求风险的天性。与其说这是从运动中寻求暴力来弥补平静的工作状态，另一种相反的说法似乎更有道理——在职业上需要承担风险的人，会在休闲活动中进一步寻求刺激。史密斯（Smith，1979）发现，他的数据本来旨在调查暴力亚文化的存在，结果却表明职业亚文化在不断扩展有关使用暴力的专业标准。

或者说，有些人天生就带有一种心理特质，让他们偏向选择有风险的运动和职业？人格偏向（personality bias）可能是遗传的，就像头发颜色或血型，也可能是后天习得的。然而不幸的是，我们实际上并不可能去检测先天的人格因素。在思考易发风险行为（risk-prone behavior）时，关注它可能产生的社会影响远比试着消除它来得更好。而当不确定性处于极高水平，并且每个人都承担着巨大的风险时，文化规范会鼓动人们越发去寻求风险。如果比较一下 17 世纪的弗吉尼亚移居者与东海岸的清教徒，我们就可以看到这种文化对不确定性环境做出的反应。对弗吉尼亚人来说，似乎与充满不确定性的航运条件以及变幻莫测的烤烟价格做斗争，还不足以让引发年轻人高死亡率的不确定性因素增加。他们并不打算减小不确定性,反而发明了更多其他赌注的赌博——用赛马、纸牌和任何可资打赌的结果。至于自给自足的清教徒团体,他们憎恨赌博并且倾向于规避风险(Breen and Innes,1980;Morgan,1975:395-432)。

社会科学的发展现状无法解释人们为什么要攀登珠穆朗玛峰,银行为什么要为风险最高的业务提供资金支持。登山可是一种每次探险发生致命事故几率在八分之一到十分之一之间的职业。迈克尔·汤普森(Thompson,1980)在发展风险承担理论的过程中发现了两种社会结构,它们产生了互补的、两极分化的风险态度。迈克尔的文化模型与风险承担和风险规避人格的心理学模型是相互兼容的,但它允许文化夯实人们初始的选择。风险方面的文化专业化(cultural specialization)为每种类型创造了经济效益。风险共担的策略和印证该策略合理性的悲观世界观与集体的、社群主义的社会情境相伴而生,使人们能够预期,收益会与损失一样得到共享。乐观的世界观则证明了降低风险的策略("专注赢得的,忘却输掉的")的合理性,该策略存在于对共享收益或损失没有期望的社会中。

在此基础上,每一种风险的文化模式都在

由与它自身相适应的经济结构维系着。有充分的理由可以认为，大多数社会都在选择和训练某些成员去承担实际的风险，并且通过为成功的冒险者树立威望来回报他们如此行事。在技术手段原始的小规模经济体中，人们面临着极高的生存风险，社群的问题通常由风险分配机制加以解决。大多数狩猎者和采集者会把蔬菜资源提供的稳定生计与难以预测、无规律的野外捕猎活动结合起来。他们的游牧模式首先保证了基本供给，四处迁移去采集各种成熟的野生作物。稳定的工作会被分配给女性，同时，年轻男性会接受训练，长途跋涉去进行危险的游戏，面对各种艰难险阻。这同样适用于更先进的技术，但由于牵涉多样化的风险——职业风险、收入风险和身体风险，因此很难比较。在现代社会的家庭层面，我们也能够找到与之类似的、较高和较低风险的收入来源分布：学者往往收入稳定，他们视写作为非固定收入的来源，而新闻业则充当了许多政治家防备选举失利的安全网。弗里德曼（Friedman，1957）曾分析了美国的农场如何布局长期和短期收入来源，以减少各年之间的差异。这与投资行为是一致的：一家打算维持经营的企业会把资产分摊在高风险与低风险的预期里，他们确保经济底线的努力，就像军事指挥官保护后方不受攻击的关切一般。

对于农民而言，两种作物哪种风险更大并不是显而易见的事。从生产上来说，口粮作物（subsistence crop）通常是安全的，但如果农民打算出售掉盈余的收获，粮食作物的价格就会产生众所周知的波动：如果他决定把大量的土地拿去种植水稻或玉米这类作物，而把少量的土地分去种植有利可图、但有风险的经济作物，等到他试图出售剩余的稻米或玉米时，他可能会发现，他不得不承受当年农业的亏损（Kunreuther and Wright, 1979：214-218）。

大多数复杂的管理问题都有技术性和制度性的解决办法。要获得有效的业绩，技能与资源需要极好地组合在一起。农业经济学家对农民的决策研究越深入，对其目标和限制越了解，就越能揭示出作为负责任的主体，农民合情合理的决定表露了多么强烈的"安全第一"之顾虑（Roumasset et al., 1979）。

举个例子，在奥特兹（Ortiz, 1979：231-240）的描述里，哥伦比亚地区贫穷的印第安农民会根据价格、技术和市场状况的最新信息，制定出谨慎的经济作物种植策略。农民并不觉得为经济作物种植和资金投入做个决定有什么困难，因此可以提前做出这些决定。他有自己的估价程序和评估结果的公式。他还有一个可容忍损失的概念，即收入虽然可以低于正常收入，但不可以低于不可避免的支出（如填补贷款、营销成本、种子、肥料、工钱和必需消费品的支出）。农民不是在年收入的单一策略中构想他的活动，而是将之当作一组彼此独立的活动，每个活动都有其潜在的损失和收益点。尽管他能计算出经济作物的成本和收益，但他的消费需求却引发了更具困难的问题。一般来说，一旦基本生活需求得到保障，这些农民就不会害怕冒些风险。比起向当地种植园主出卖劳动时间带来的安全感，他们更青睐于种植有风险的经济作物（Ortiz，1979：243-244）。对于他们来说，失去土地所有权似乎是灭顶之灾，为了不让它发生，他们设计出了"安全第一"的策略。

低收入农业的经济决策和投资分析的经验性研究应该能劝阻心理学家把世界划分为寻求风险与规避风险两种人格。如果条件发生变化，在一种策略希望渺茫时，同一个体就会转向另一种策略。但是这种灵活的策略很难通过态度调查而观察到。在真实的生活世界背景下，要发展有关经济风险规避与风险承担的理论思想，似乎存在问题。例如，霍华德·昆路德（Howard Kunreuther）实际就农民决策的"安全第一"模型做出了简洁的历史性论证（1979）；当他为当代灾难保险制订出一项里程碑式的调查时，他假定，一旦不理性的房主低估了地震或洪水造成房屋损害的可能性，就会限定他们关注的范围，或者不给房屋投保（Kunreuther et al.，1978）。换句话说，当昆路德与他的同事需要发展理性选择模型来考虑文化上界定的阈值时，他们又重新倒向了病理学（pathology）。把保留家庭农场放在首位，或者忽视特定风险未必就是不理性的，在整个可感知的选择模式中，它们有可能是很好的生存策略——这就相当于在家庭经济的另一个层面上，把购买主食放在首位。

经济学家假定，决策者趋向保护的临界水平是由个体私自设定的。然而，如果承认界定灾难的较低水平（以及界定超额结果的较高水平）在设置上是共同所有的，那么分析将得到极大改进。将上述界定理解为由文化决定，而不是个体对经济行为的限制，似乎也更有意义。用来解释个体满意度的模型也会能够很好地描绘文化习俗。事实上，在缺乏证据的情况下，许多经济学

家假定个体效用偏好是研究的群体所共有的。这
一点很容易检测。如果我们对某个特定社会的作
物产量、价格差异和成本有足够的认识，我们就
有权将个体主观偏好的视为文化偏好，并仍旧使
用文化的这种定义——社会积累的经验及其对环
境的适应。

　　西蒙已经提示我们关注个体决策者所面临
的、超乎预料的智力困境。是要怎样的超级个体
才能聪明到进行这类计算呢？谁能够在足够长的
时间内记住所有选择及其可能的结果，好让决策
过程遵循？通常，各种启发法（heuristics）或者
经验法则被用来替代完整的计算。奥特兹的哥伦
比亚农民把活动分流处理，每个活动都有潜在的
收益和损失点，这种实践是很好的会计式启发法
（accounting heuristic）。人们普遍认为，这些经验
法则虽然节省了时间，但容易产生偏见。不过，
这在一定程度上取决于问题是如何被定义的。

启发法

　　启发法是教学中常用的简化程序，它旨在
通过简化问题促进人们快速处理复杂的问题。不

可避免地，启发法会成为曲解的潜在来源。当实验对象以启发的方式处理心理测试中被问及的问题时，这一点必然相当明显（Kahneman and Tversky，1973，1974）。在现实生活中，人们可能会认为，一种将问题扭曲到适得其反的启发法很快就会被抛弃。它可能对一类使用者有帮助，对另一类就没用。洛普斯（Lopes，1981）已经指出，决策科学所使用的效用最大化假设，加上长期性解释，是相对僵化的，这对保险公司有用，但对"一切风险都是短期风险"的低收入农民来说则不然——这是一个说中了会曲解问题的启发法的痛处的例子。

在一项简要总结风险启发法作为错误来源的工作里，奥特威和托马斯（Otway and Thomas，1982）的观点听起来有些悲观：考虑到这一部分的认知心理学与社会风险感知有关，他们觉得作者错过了要点，进而他们问道，这项工作如何能够以任何方式帮助解决政治议题——正是这些议题的紧迫性在一开始引发了这项研究。

有两种启发法：一曰"可得性"，一曰显著性，人们已经明确，用它们来评估频率和概率是相当不可靠的。任何让特定的危险来源变得令人难忘的经历，比如电影明星被抢劫，公主死于车祸，或者最近的火灾或洪水，往往都会取代更早些的损失的消息，后者已经被当作平常的、背景性的消息对待。在长期的实际概率中，这些启发法扭曲了真实的发生率（true frequencies）。个体倾向于相信自己不会遭遇其他旅行者或消费者所受的伤害，但与之相反，显著性启发法与可得性启发法必须通过增强易于被自我豁免抑制的意识来发挥矫正作用。迫使彼此聆听可怕灾难的消息是一个文化过程，有助于纠正个体对应有的预防措施的忽视。在近距离的个体化测试中，比起它在远距离的文化视角下的情况，启发法的机能似乎更加失调。

启发法也是一种习俗（conventions）：社群内部通过共享它们来解决协作所存在的问题。它们在这方面是文化过程的基本要素。它们不仅有助于社群进行风险评估，而且使每个成员都能够预测他人在一定情境下会采取什么行动。因此，它们编码和传输了市场信息。当社群的所有成员都生活在相同的约束下时，他们便需要分享灵活的策略来应对多变的环境，并就可能发生的事情达成一致。格拉德温（Gladwin，1975）已经描绘了加纳的鱼贩如何编码不确定性因素：他们把需求状况分为"市场良好"、"市场受冲击"、"需要少量的鱼"、"需要大量的鱼"。有了这种分类，再加上了解供货商给出的鱼价，鱼贩们就可以计算出自己将会赚取多少利润。类似的分析还可见奥特兹（Ortiz, 1980）的农耕社会种植决策研究。仅仅将启发法视为认知上个体决策者的辅助是不够的。通过明确选择和树立预期，它们创造了诸多可预测性，并让文化价值观获得了认可。人类学家在农业经济学领域开展的工作（见 Barlett, 1980），为理解减少不确定性的文化过程做出了独有的贡献。

为存储和检索信息提供现成的范畴是文化过程的功能之一；社会压力确保人们会记住各种迥异的责任分工。一旦承认文化在起着作用，认知训练所谓的困难就会土崩瓦解。当农民的妻子提醒丈夫注意食物、衣服和住所的优先级，她这么说不只是为了她自己。如果她的邻居没有履行社会义务，她也有对他们提出公正批评的一席之地。她已经内化了女性的文化范畴，而她的丈夫则内化了男性的。如果一个家庭回避耕种自家拥有的土地带来的风险，并且追求雇佣劳动那种表面上的安全感，与他们身处同一社区的成员都知道这个家庭将会发生什么。如果农场被出售，他们也知道在老人身上会发生多么糟糕的事。不需要精心计算，共有的文化已经告诉他们，在人生机遇的牌桌前，他们位置何在。

人生机遇的感知

达伦多夫（Dahrendorf，1979：29–32）富于雄辩地阐述了一种针对社会正义的人生机遇法（life-chance approach）。他提出的相对机遇（relative opportunities）计算，既能纠正局外人对当地文化的无知（政府和国际机构实际上正是出于这些目的而使用此类统计数据），也能纠正局内人（通常是相当孤立的人）的天真，毕竟他们真心实意地相信，每个士兵都可以在背包里捎上一根陆军元帅的指挥杖。但是，也正如波尔坦斯基（Boltanski）等人所展现的那样，关乎人生机遇的知识在特定文化中会得到更可靠的传播：例如，通过询问低收入母亲对子女教育和职业成就的期望（Boltanski，1970）。经由文化标准化，期望把个体的希望引导到更有可能实现的事情上面。这一过程在周边海量的信息中创造了显著性的形式，并且暗示了何者会被视为正常和不正常。心理学家会对某些事件的"显著性"和某类解释对风险感知的影响的"可得性"感兴趣,他们可以在明确界定的社区中更好地调查标准化的期望。

对人们来说,亲友的生活即生动地反映了自己身边社会的命运——有些是过于追求冒险的结果;有些是过于追求规避风险的结果。文化界定了生活的标准和互助的必要条件,它为理性的经济选择划定了边界。作为一种助记系统,生计文化让农民严格遵循他的优先次序,引导他完成那些个人企图依靠自己的力量来执行的、极其困难的计算。

文化行为建模

奥特威和托马斯(Otway and Thomas, 1982)意味深长地评论道,与贝叶斯统计学家不同,"……贝叶斯心理学家可能会对'外部'模型之外的事情感兴趣,这种外部模型涉及人们的应然行为以及它与实然行为之间的差距。这些心理学家可能会采取截然不同的视角,试着从'内部’和个体的角度理解行为。而建立‘内部’模型的部分工作意味着对生态学和日常生活中选择、判断的意图予以应有的重视……那些最接近于解释（而非描述）所谓大众偏见和非理性的研究把行为观察与更广泛的过程联系起来，主体借由这一过程选择信息，并将之与其基于先前经历而获得的世界的表征（representations），以及涵盖偏好和生活目标的动机整合在一起”。换句话说，我们应该将重点转移至模拟文化对感知和选择的影响上。

这篇引人注目的论文的第一段题为“两个幻灭的分析家的自白”，它公正且富于批判性地审视了用来分析感知的心理测量方法所具有的优势和局限性。在这一点上，一旦明确了认知心理学只有将其研究议题与文化过程结合才能得到发展，那么方法的问题就不应该再视为不可克服。消费经济理论所关心的价格走势的总体统计也指明了选择和偏好的总体变动趋势。它们既没有脱离个体的认知，也没有脱离文化过程。对需求的树状结构进行分析（在大的公共尺度上），本质上与个人决策树分析类似。列昂节夫（Leontiev，1947）对效用理论的历史深稽博考，他展现了个体理性人的概念是如何被应用于国民消费的大型模式的。最明显的困难是说服两个阵营的分析者，让他们相信可资调解分歧的元素和文化确实存在，值得他们共同去关注（Douglas and Isherwood，1978）。

可接受的风险的标准是可接受的生活标准与可接受的道德和行为准则的一部分，倘若回避分析塑造其他标准的文化体系，那么风险问题就无法得到严肃的讨论。

第八章 制度约束

概要：本章检阅了可能对风险感知产生影响的组织类型学文献。在组织理论中，已经有人提出了不同类型的社会环境如何影响决策的问题，但这从未获得关注。

"决策者如何认识身处的组织和社会环境，决定了他会预测到什么结果，忽视什么后果。在组织理论中，这些变量不能被视为无法解释的独立因素，它们必须由理论来测定和解释"（March and Simon，1958）。这是马奇和西蒙很久以前便说过的话，它表明，在理性人界定环境和概率选择方面，还有许多地方需要组织理论一一揭示。的确，已经有大量的工作涉及组织的不同部分视角的差异——仰视视角、鸟瞰视角、领导者视角、局外人视角、基层视角。然而，即使有着良好的社会学出发点，关于人类如何感知风险的问题，也没有被追溯到性质各不相同的制度特性上。如果我们承认制度在发挥作用，就会发现，大量与风险感知有关的研究都用在了错误的单元，用在个体而非制度上。甚至，文化偏见的研究结果还表明，个体不会试图做出独立的选择，重大政治问题上尤其如此。道格拉斯和威尔达瓦斯基（Douglas and Wildavsky，1982）从政策的角度阐明了这一点。当人们需要评估信息的来源以及价值和概率的可信度时，其实已经预先在文化上习得了假设和权重。不过，这并不意味着个体会受到决定性影响。可以说，人们一直在捏造自己的偏见，将之作为设计自身社会制度的工作的一部分。他们将制度构建成决策处理器——排除部分选择，再把其余选择放在有利位置上。摆在个体面前的第一个选择是加入还是不加入不同类型的制度。下一关则是持续监控他所选定的制度。人们面临的重大选择以问题的形式呈现——是巩固还是颠覆权威？是阻止还是允许采取行动？而这正是人们发挥理性之处。

为了理解理性行为，我们应该考察这种日常监控过程。它包括两种针对制度结构的一致性（coherence）检验。其中一种检验的是承诺与履行的匹配程度。例如，公司承诺工作是安稳的，然后就有人被炒了鱿鱼；公司的安全保证有多大可能是可靠的？另一种检验适用于正当性（justification）原则：它们的逻辑性强吗？所依据的分类原则是什么？规则是否相互矛盾？整个制度运行的规则体系有多融贯？意外、不幸、威胁和灾难引发了人们对制度生活的结构无尽的挑战和思考。不难看出，对任何相当层级的制度来说，这一监控过程都为其确立了一种准则，一种是否接受风险的共识。

监控的核心办法就是让人们的注意力集中于不幸。

关注不幸

"通常，要测试何为主导动机（dominant motif），也许往往意味着要测试人们将危险、疾病和其他不幸归因于何处，以及采取了哪些步骤规避或者消除它们"（Evans-Pritchard，1956：315）。在探寻注意力聚焦于风险的原理时，这种办法要比研究平稳、明朗的时刻更为有效。

埃文斯-普理查德（1937）确立了这一方法，当时他试图证明问题和归因的指控模式都不是随机的——但如果把归因看作感知者个体的一种机能，那么情况确实随机。

任何发生于组织中的大灾大难都会引发责任的问题。如果组织成立的时间足够长，能够采取特定的形式，那么上述问题就不会随机出现。就这些问题的答案而言，除非它们能让成员更加关心自己所生活的组织的形式，否则听起来就不太可信。举个例子，如果一个组织的成员不喜欢最高权威的行使方式，那么把责任推给最上层来承担，看上去就十分可信；至于追责的过程，权威的严酷和专横必然会受到调查和批判。相反，如果在组织中，大多数人都担忧的是低级成员的破坏行为，害怕他们可能对传统权威构成挑战，那么把大大小小的不幸归咎于激进分子，似乎就相当站得住脚。这很符合归因理论，它不囿于个体，且被延伸至制度生活的层面。重要的是认识到：不幸之事的调查侧重于制度规范和价值观，这代表了个人的理性思维常规的运作。对于那些已经发生的伤害，每个人都热衷于听取它的借口和理由，而且还会做出裁定。但是，人们进行调查不是不带感情的。人们关于逻辑一致性的检测建立在文化性的直觉之上，这种直觉包括理想的组织应该是什么样，而这主要受他们关于既往调查和先例的记忆影响。不管制度朝着哪个方向发展，寻找罪魁祸首的过程都伴随着相应的偏见。灾难就是这样被卷入制度的微观政治中的——无论它被界定为人为还是自然所致。归责或免责的过程巩固了组织模式，实际上，它们已经成为后者不可分割的一部分。有观点认为，虽然温德斯格尔（Windscale）核电厂的反对者没能实现他们所争取的决定，但是他们的努力改变了问责制的进程（Williams，1980：317）。

组织理论对制度的盲目性缺乏足够的解释。这个问题很少获得讨论，至于以成熟的方式呈现、真正意义上的类型学，更是少得惊人。许多早期的类型学成果都已散佚。一种流行的对比区分了大型组织和小型组织，并且暗示大型组织是复杂的，小型组织是简单的。这种观点从未得到长足发展，因为在实践中，小型组织很快就会被淘汰。组织理论似乎过分执着于这样的看法——问题是因组织规模扩大而造成的。

规模效应

社会学界存在一种感性的偏见，相信规模小对有效的政治行动、领导和决策更加有利，因此，最重要的组织问题全都来源于规模扩大。想了解这方面具有影响力的说法，请阅读霍曼斯的著作（Homans，1950）。就经济学理论而言，衡量规模经济和规模不经济意味着，恰当的经营规模在任何情况下都能得以确定。经济学家的偏见可能与社会学家正好相反，因为他们的理论是基于这样的公理：只有销售者数量多到足以防范共谋时，市场才是有效的。在这方面经济学家和政治学家所做的假设颇有差异，相关总结请见巴里和哈丁（Barry and Hardin，1982：39-50）对奥尔森的集体行动理论的介绍。奥尔森将他的理论明确建立在规模差异上："除非在一个群体中，个体的数量微乎其微……"和"群体规模越大，它就越容易功亏一篑"，这非常明确地借鉴了霍曼斯那从本质上看颇有些不切实际的观点，即小规模、面对面的社会单元，本身就对困扰大型组织的问题免疫（1965）。这种隐含着小规模人力合作相对容易的看法，遭到了巴里和哈丁（Barry and Hardin，1982：25-26）以及张伯伦（Chamberlain，1982）的挑战。他们断定，规模效应远比学界通认的要复杂得多。

值得注意的是，相较于生物学家已经确立和完善的异速生长（allometry）原理，社会科学家对规模效应如此强劲的关注尚属新鲜事物（Naroll and Von Bertalanffy，1956）。

一种关于复杂性（complexity）的定义区分了包含众多部分的系统和只包含少量部分的简单系统（La Porte，1975）。这意味着，复杂性与系统规模扩增有关。另一种定义复杂性的方法依赖多样性与逻辑制约的结合，它给出的复杂系统与简单系统的分类方式非常不同，并没有隐含任何与组成要素的数量，或者与系统崩溃的前景相关的事物（Douglas and Gross，1981；Douglas，1984）。

大型组织往往有能力聘请决策分析师作为顾问，这可能加剧了偏见，人们会因此而默认小型组织似乎不存在什么问题。再者，社会学家倾向于理想化小规模、面对面的社会形态。他们认为复杂性只是组织规模的函数（function）：规模扩大会导致权力下放、集中化与分隔化，这些又会导致系统渠道超负荷运载，沟通也会出现问题。虽然这些都是事实，但并不是规模极小的组织就不会产生极其严重的问题，从而导致派系斗争、分裂甚至消亡。社会比较的人类学基础需要忽略部分规模效应，并且考虑不同社会组织的地方性问题。

在社会学中，源自马克斯·韦伯的分类原则为我们提供了略有重叠的类型学。克里斯玛型领导与例行化程序（routinized procedures）之间，基于先知与祭司独特角色的差异，一直困扰着众多西方社会思想。但是，这究竟是领导者拥有超凡的魅力，还是这只是被强加在某些政权的领导者身上？如果与克里斯玛有关的论述（无论是关于政党领袖还是个人崇拜），除了分析政治体制以外不过多涉及领导者，那么对于实现当前的目标，比较领导风格是非常有用的（Wildavsky，1984）。

另一种支配着我们思考社会的分类原则，塑造了市场理性与官僚理性之间的对比。然而，例行化往往会催生官僚制，克里斯玛则常常游离于市场和官僚制之外，这带给我们存在三种类型的错觉。不过，如果有关克里斯玛的研究能够与有关领导力和利益团体的研究很好地结合在一起，我们很可能只需要界定两种类型：一种是官僚制及其程序性规则、等级价值观，另一种是由工具－目的理性主导的市场。二者的某些阶段为克里斯玛式领袖拓展了空间，让其能够建立脆弱的联盟，进而将之推向高潮，以及可预见的崩溃。但是，很少能看到直接关注感知的制度约束这一问题的社会学文献。

感知的制度约束

为评估政府和产业界专业人士的观点，有研究比较了工程师和公共卫生官员。公共卫生官员对环境质量的关注随其职业年资增长而呈下降趋势。无论是工程师还是公共卫生官员，资历增长都使他们对机构的献身精神更加强烈，但是工程师能够更广泛地意识到面向社会的问题。这类比较指明了我们能够如何调查制度对风险感知的影响。

这两种类型——官僚制和市场在范式中的中心地位，解释了为何想要将人类学的任何见解应用于现代社会会如此困难。市场是工业社会的基本条件，而官僚制被视为高等文化发展的产物（也许是多余的）。统而观之，它们是区分现代社会与人类学研究的那些技术简单的社会的参考依据。为了弥合这条令人印象深刻的分水岭，我们需要更具一般性的类型，让我们在读写能力（literacy）与技术的偶然性之外看到独特的社会形态。决策分析在很大程度上主导了组织理论中类型化的努力。在这方面我们会看到一份令人敬畏的文献，它假设各种思维与各类组织有关。人们通常只考虑两种决策，这不足为奇。林德布洛姆这篇影响深远的文章（Lindblom，1959）对决策和组织理论（Lindblom，1965，1979；Knott，1982）进行了批判，为至今仍在进行的比较设定了条件。在研究中，林德布洛姆对比了决策理性、理论化和科学性的“根方式”（Root style）与实用、战略性和渐进性的“枝方式”（Branch style）。

　　受这种对比启发，许多后续研究都是基于相同的基本差异而生成的变体：例如概要比之战略政策规划，综合预算比之增量预算（Wildavsky，1975），自我思索式比之互动式政策形成机制。在不同操作层次之间，在不同过程及其结果之间，以及在不同的组织类型之间，理论不断转化。不过我们总能把握两种决策类型：一种长于宏大的理论，另一种尽管在理论上有些薄弱，但成功依靠社会互动弥补了自身其他的缺陷。

　　有些研究者试着提出了第三种决策类型，但始终未能形成一种相互融贯的类型学。阿利森（Allison，1971）提出了三种政府决策模型：第一种依据的是经典效用理论，以个体的行为作为基础，其中政府以单个理性人的形象呈现，它能够了解和排序自身的目标，还能根据成本和收益理性地评估解决自身面临的问题；第二种呼应了林德布洛姆的描述，即组织的运作与理论家的训谕正好相反，它实际是在蒙混度日，高度依赖固定的计划和惯例。阿利森的第三种模型是第一种模型所用的效用理论更复杂的版本，在这个模型中，单个主体所面对的整个市场都在讨价还价、相互妥协和缔结联盟。事实上，阿利森提出的并不是三种不同的类型，而是采用了两种常见的基本模式——市场与官僚制，加上从内部看去，被视为市场的官僚制。

斯坦布鲁纳（Steinbruner, 1976）试图在组织中建立三种模式：第一种是他称之为"分析性思维"的经典效用模型（大致相当于林德布洛姆兼具理性与综合性的政策制定"根方式"）；第二种是实用的互动模型（相当于林德布洛姆的另一种模式）；第三种是一种控制论模型（cybernetic model），它的关注点受到官僚主义制约，这与阿利森在第二种模式中，对固定的目标和操作规程的强调有很多相似之处。同样，这些声称已经明确了两种以上基本类型的说法也没有给出令人信服的证明。斯坦布鲁纳和阿利森都对一个核心的问题——先前的心理定势（mental set）如何影响人们对事件的解读，相当感兴趣。他们都在暗示心理定势及其假定来自分析以外的某个地方，也许来自民族文化或者个体心理构成（psychological makeup）。然而，照人类学的观点看，个体最初对一个组织做出选择，这种承诺本身就产生了决策和感知的偏见。

道德承诺

大内（Ouchi，1980）从概念方案中提取了第三种组织形式。他把"小团体"（clan）称为一种结构，在这一结构中，目标的完全一致性允许组织不那么拘泥于形式，以及表述规则不那么明确。然而遗憾的是，他对小规模组织不加批判的热情令这个方案失败了。大内认为小团体的出现是人们对官僚组织的失败做出的一种反应。他还通过规模论证声称，由于亲密的合作者相互进行着微妙的监控，因此小团体不需要明确的审计和评估。和罗莎贝斯·莫斯·坎特（Rosabeth Moss Kanter，1972）一样，他也认为人们对共同目标所做的道德承诺是一个独立因素。如果他能假定人们只因对官僚的运作感到失望，便如此轻易地做出了道德承诺，为什么我们不能假定这种承诺是先于市场关系而存在，从而推翻他的论点呢？他们二人都悄然逃避了政治理论的核心困境，几个世纪以来，如何产生和维持共同的道德承诺一直是政治理论的问题所在。

鉴于理性行为的思想在组织理论里有核心用处，可以想见，个人决策者与组织之间的差异将得到充分的阐明。最近的一篇回顾指出，将组织视为个体的范式性方案（paradigmatic scheme）不仅有大量亟待解释之处，而且也没被理解到位，这完全不符合人们对决策理论核心工具的期待。目前，盛行的两种模式都不算完备，它们把组织看作市场环境中的个体，或者看作以个体为组成部分的市场（Hogarth，1981）。

要想研究组织，人类学有一种可行的方法，那就是找寻组织是如何发展出特定的问责和责任分配机制的。个体对这些机制所做的承诺产生了内部的成本结构，在组织中，特定的个体如果想过得好，他的理性行为就必须适应这种结构。而对整个组织来说，如果想要生存下去，就必须很好地适应外部环境中的成本和收益结构。这种适应是通过诉诸宇宙论思想来实现的，后者对宇宙中潜在的危险进行了编码，以满足制度对一致性的要求。通过检验人们面对自然压力时表现出的责任感和一致性，每个组织成员都在监控着同伴的行为。事实上，人们之所以要划定人为灾害与自然灾害间的界限，就是为了回应道德审查——"什么样的表现才是合理的"。要了解制度在感知上的盲点，我们需要在人们彼此提出道德要求，并且为了实现期望而开拓制度渠道时，思考灾难是如何被人们阐释以满足个人目的的。我们需要一个更丰富的分类体系，两种以上的组织类型，以及一些优秀的理论，好把对自然的诉求、对风险的感知以及制度的微观政治联系在一起。

第九章 编码风险

概要：作为结论章，本章将把最近制度经济学的一些工作延伸到组织结构中的决策编码上。个体是从短期和中期的角度看待可能性的。制度则把感知引向了长期的角度。不同的制度有不同的侧重点，这构成了每个成员面对现实世界的可能性差异化的体验。

本书围绕一组核心的对比展开。一方面，正如我们在第四章所看到的那样，在选择理论中，风险分析已经清除了所有依附于现实世界的考虑；这是可以理解的，毕竟纯粹的风险理论已经把它的主题从决策者的偏见，以及制度和历史的意外中分离了出来。另一方面，对于可能发生的自然损失，现实世界中人们的感知充斥着道德联想与制度偏见（正如我们在第五章所见的）。这构成了社会科学一重现实的困境。当前该领域面临的挑战与风险的接受程度有关。这类问题只有在道德与政治理论背景下才能被讨论。人类学的方法把对理性行为的分析与对伦理结构的阐释（用于关注社会问题）结合了起来。然而，人类学是一种边缘、原始的话语形式。它不是公理化的，其既定的命题也缺乏核心。就其本身而言，它永远无法纠正走偏的关注点。也许，我们可以借鉴经济学家和理性选择理论家的做法，设想将之与人类学的方法结合，以求解决风险感知核心的难题。

　　引发风险感知这一新分支学科的问题，最初与非同寻常的危险源有关。核能的工业应用将"极低概率事件产生破坏性影响"的看法带进了人们的视野。由于人的认知工作通常似乎集中在中等概率的事件上，所以这些危险被推定超出了普罗大众的认知阈值。然而最初的问题正好相反：一些普通民众对此类事件深表关切，专家们却说这种关切毫无必要。我们可以看到，归咎责任的可能性吸引乃至攫取了个人的注意力。我们也可以看到，强烈的道德义愤足以让人的注意力集中在那些超出认知范围的危险上。据此，有些人似乎认为，公众对工业风险的政治经济学可以用非自愿、被迫承担重大风险来解释。也正是从这一点出发，自然灾害与人为灾害之间的界限似乎成为理解公众对核能和有毒工业化学品满是敌意的关键——两种情形都能清楚地界定人类应当担负的责任。不过，剥削（exploitation）并不总会产生政治警觉性。被剥削感也不是一个自变量。这种解释无助于阐明许多西方社会和日本对开发核能用于和平目的的消极态度。人为原因与自然原因之间的界限被伪装成一条中立的宇宙分界线，这样，就可以随时随地用它来衡量个人的责任。与其不加批判地将自然视为给定之物，我们应该问，是什么社会因素让注意力不时超出了原本专注于中等频率事件的一般的知觉（normal perceptual）。

风险感知仰赖的制度过滤器会持续歪曲概率，这一观点尚且有待发展。在一定程度上，说制度视角遮蔽了风险的议题是对的。它也用风险的议题澄清了另一组问题。更具启发性的做法是从风险的角度出发，突出对社会组织本身的关注。毕竟制度正是利用风险问题来控制人们行为的不确定性，巩固规范，并且促进协调。

在这种争论中，研究者们承认自己欠了赫伯特·西蒙一笔特殊的债——他们削减了步骤。我们已经看到了西蒙对分析"安全第一"的风险反应具有的影响（见第七章）。针对选择理论的无限理性假设，西蒙提出的第二点批评是，该假设忽略了理性人做出选择的总体系统或环境。下面是他想法的延伸："在某种程度上，我们所说的'环境'，可能就在生物有机体的皮肤内。"（Simon，1955）。在他首次陈述时，有限理性已经是一个会考虑到解决复杂问题的神经生理学和语言学限制的理论。二十年后，威廉姆森通过思考制度的问题解决、决策和信息编码功能，为这一命题指明了新的方向。理性的个体不需要考虑所有的因素，某些环境就在他自身之中。而制度的内部组织提供了一条节省了认知要花费的工夫的途径（Williamson，1975）。威廉姆森制定了交易成本的步骤，通过这些步骤，交易成本将告诉理性人是留在自由竞争的市场环境中，还是接受雇用、进入官僚主义的环境，才能斩获最好的回报。在交易成本的基础上，威廉姆森还提出了一个社会形态演化模型。制度的经济分析进而产生了一个理论方案，该方案假定，理性人在特定环境中会选择最符合其利益的社会形态。同时，他会与其他理性人一道，通过发展惯例来解决协作的问题。最后，制度（分析中定义为值得遵守的惯例）靠的是取得成员的服从（Schelling，1960；Lewis，1969；Schotter，1981）。我们的注意力最终必须转向那些企图让成员服从的发明创造。在这一点上，源于自然的风险由于它维护系统的用途，就显得相当耐人寻味。

第五章比较了两种对待自然灾害的态度。一种是机会主义者，他们所做的不是把责任归咎于持反对意见的异端分子，而是从灾难中索取政治信用。在那种号召成员为了巨大的荣誉、奖励而大搞英雄主义的社会里可以找到他们的踪迹。这类政权不需要再发明什么额外的、谋取服从的手段：它之所以行之有效，是因为（而且仅只如此）向个人提供了有价值的激励。另一种我们可以称之为等级社会（组织），它需要让成员在任何时候都清楚地知道，循规蹈矩才能最大限度地维护私人利益。在这种社会里，预期的自然灾害为基本习俗打下了坚实的基础。可以说，每个政权都对灾难的事故分析、审讯和其他调查有着不同的批判（animadverts）。

首先是秉持英雄主义、富有对抗性的社会，它会戏剧性地强化自身对公正社会的恰当想法。它那中立的宇宙，加上对强大的个人武器的信仰，直接把它的注意力指向了权力实际的归属。权力在这样的政权里不会被遮掩或阻挠，宇宙论只会让它拥有一种正当性，就像将英雄及其追随者带进公开对抗里的那样。灾难受到关注会引发调查：追究权力的实际分配，以及它的挑战者。它还创造了合理化的框架，在其中，社会连同它对风险的观点一起变得合乎情理（legitimate）。

其次是等级社会，它用道德宇宙来维护权威，向合法的任职者输送权力。通过将各式各样的死亡和事故归咎于自然（有时也归咎于死者），在任者躲过了不得人心的惩罚。

这种处理不同模式的风险感知的办法，涉

及各种类型的合理化程序，这些都是在不同的社会环境中生成的。要让其他社会科学家觉得这有道理，还有许多事需要做。从经验层面讲，我们需要的不只是用细致的民族志记录灾难发生前后人们的一言一行，也是小心、谨慎地评估一个制度类型中的社群结构。而从理论层面讲，潜在功能（latent functions）这一主题可以被重新激活和修正。在 20 世纪 50 年代，潜在功能的概念一度举足轻重，当时罗伯特·默顿（Merton，1968a）用它来对比一个组织的显性功能（manifest function）。"显性"是指社会单元明确实行，并对自身的表现有所评判的功能。而隐性或潜在功能则是那些看上去处于计划之外的东西：成员的社交能力、他们对地位的保护、他们随着共同工作而增强的团结度，以及他们对社会边界的界定。或许是因为依定义很难观察到，潜在功能的理论重要性已经被降格到了次要位置，甚至在 20 世纪 60 年代功能主义受到批判之前，情况也是如此。不过，在与风险可接受性有关的潜在和显性社会目标之间，也许有权衡之计值得探讨。

由此看来，对一个组织的成员来说，似乎有理由相信，他们因自己扮演的显性角色（manifest roles）而获得个人报酬越是直接，就越不会去试着将彼此的精力放到维系组织存在的潜在活动上。反之，他们从显性角色系统中获得的报酬越少，为了说服彼此且间接相互强化，他们花费的精力也就越大。例如，在个人主义社会中，成功的英雄所获得的回报迅速且直接；而在等级社会中，回报不仅来得缓慢，而且间接与个人投资有关。相比之下，前者用自然风险来巩固集体的可能性更小，而在后者身上，事关集体需求的共识会让指控具有可信度。作为一个范畴，"丈夫"们会统一立场，支持那种妻子的通奸行为害死了孩子的指控；"父亲"这个范畴则会拥护人们对父权诅咒（paternal curse）之力的信仰；不过，除非获得整个社会道义上的支持，否则二者都没法让指控能够取信于人。甚至，道义上的支持本身也是远远不够的。集体越是没有能力回报成员，它那个在识别自然风险，并且将之与不忠之事联系起来的概念屏障也就越发厚重。

要发展这种方法，我们需要转向一种极少依靠物质奖励成员的社会生活形式，那就是志愿性团体（voluntary association）。正如社会学家通常所描述的那样，这是一种双重混合体。其他组织都是根据其特定机能（市场制、官僚制等）来定义，它却更多是共同体生活（community life）

的一种形式。从完整意义上看，"共同体"一词是指一种承诺团体（committed group），人如果置身其中，其生命就会得到维持，承诺则会受到约束。志愿性团体似乎只是处于萌芽状态、部分的或者未实现的创建共同体的尝试——作为一个团体，它的成员通常能夸耀的是他们如何保持团结，而不是多年来取得了什么特殊成就。

根据托克维尔（Tocqueville，1966）的说法，在美国，没有什么比形成自发结社的普遍习惯更值得关注。尽管针对志愿性团体有一些后续研究，不过，鲜少有人注意到那些吸引了托克维尔目光的特殊特征。托克维尔断定，社团（association）与平等之间存在一种松散的联系。他观察到，在民主社会中，社团特别需要动员人们提供支持，以弥补它缺少有权势的个人。托克维尔指出，如果一个社团想在这些条件下拥有任何权力，那就必须拥有众多成员。他也注意到了这种大规模运作的需求带来的困难。尽管很少使用"妒忌"这个词，他还是谈到了许多在普遍平等之下，由竞争拼搏造成的错觉、籍籍无名与挫败。

托克维尔从美国总体的平等状况出发，将它和欧洲的贵族传统相比较。他认为，平等造成了权力真空，自然，这是需要填补的，于是志愿性团体便发展起来。或许这一观点反过来看更有说服力，从权力的真空出发，看到它产生的组织问题，然后通过平等原则部分解决掉它们——这也更加符合托克维尔的观点。因为托克维尔显然认为，平等是一种令人不适的处境，充斥着不满，而且缺乏纪律。平等意味着所有人都混杂在同一个浮动的人群里，没有赏识、荣誉或者社会地位，人们眼中觊觎着小小的奖赏，心中憎恨着小小的不均。"当一切水平相当时，即使最细微的变化也会被注意到。因此，人越是平等，对不平等的渴望就越是难以满足"（Tocqueville，1966：604）。他就是这么主张的。同样，他也可以预见人们对平等的失望可能会造成多少既定的分歧。如果我们问托克维尔，为什么会有人想留在那种让人不快、缺乏成熟而造成的混乱中，他大概会援引平等的正面价值来回答，即平等本身就是好事一桩。平等必定利大于弊。

我们可以在曼瑟尔·奥尔森的《集体行动的逻辑》（1965）一书中看到，如何用截然不同的方式探讨为何有人如此重视平等。这本书间接表明，只有在特殊情况下，人们才会容忍平等的实际弊端。事实上，奥尔森在说的是，根据理性选择理论，如果志愿组织不受强制性权力保护，或者没有为成员提供专门的选择性收益（special selective benefits），那么它就无法成功创造集体利益，在组织方面也会遇上严重的困难。市场制和等级制社会之所以蓬勃发展，得益于成员的理性预期，即他们总会把自己的那份选择性收益收入囊中。个人能够获得的选择性收益越少，组织面临的承诺、领导和决策问题可能性就越大。按照奥尔森的说法，一个群体要是不存在强制行为和选择性个人收益，它就会被"搭便车"问题困扰。每个成员都期望自己既可以享受别人创造的公共利益，又不会被人注意到自己是不是尽了一份力。如果大的利益相关者和小的利益相关者之间存有分歧，后者往往会要挟前者，扬言要退出组织，从而得到足以让整个群体陷入瘫痪的否决权。另外，领导权也会受到阻挠；无休止的讨价还价阻挡了没完没了的委员会做出的决议。就连为最低的组织成本筹集资金，这样的群体也会遇上问题，它必然相当脆弱，特别容易受到内部纷争的影响。

如果这类组织想要设法笼络资源、防止分裂，它首先就需要划清成员与外界间的界限。另外，它还需要制订覆盖全员的规则，防止任何懒惰的成员或者新来的人拿到不公的收益。从这种分析来看，我们不是从平等出发去研究团体，而是从志愿性团体出发，看到他们因缺乏明确的权威与激励措施而被迫将实行平等当作控制搭便车行为的手段。尽管奥尔森只带我们走到了这里，但他已经让托克维尔的洞见得到了极大的补充。

现在，我们已经看到道德惩罚式的宇宙如何利用风险来维护共同体，也看到为英雄的个人冲突所操纵的中立的宇宙，如何利用风险来解决他们追随者的忠诚问题——在每一种情况下，人们对不幸的反应都已经和制度结构融为一体，并被用来解决各式各样的组织问题。与等级社会相比，要想让成员愿意投身其中，志愿性团体会遇上更严峻的挑战。因此，它唯有具备对灾难的消息做出某种特定反应的能力，才能够延续下去。志愿组织的运作远比奥尔森认为的要好，因为它利用了宇宙阴谋（cosmic plot）的观念，还有检举策略。

宇宙阴谋在中非

我们可以把结社的志愿性看作任何社会单元都有的一个维度。在殖民时期的中非，行政官员一再报告他们管理的社会具有高度的裂变性。那些不再受强盗威胁或是不再组织长途贸易的村落，往往趋于分裂和扩散；任何领导者想让村庄团结起来的雄心壮志都会定期且有规律地遭到阻挠。虽然这些社群不是志愿性团体，但它们也出于同样的原因而面临奥尔森的理论所预测的组织问题。每隔十年左右，这些村庄就要搬迁一次。权力已经从政治体系中消失了。刀耕火种的社会无法维系固定的土地权利；牲畜也会被采采蝇杀死。所以没有什么东西是可以继承的，也没有什么东西可以吸引那些自由自在的人待在某个村庄而非他处。活跃的年轻人常常用退出来威胁大家，有效地让任何不端行为都能获得原谅。一直以来，人们相信生活在一个稳定、团结的村庄是件好事，然而随着一连串不幸发生，他们中的一员被认定是女巫，这样的信念也因冲突全面爆发而变得紧张起来。那些被指控是"女巫"的人的朋友们，发现自己正处于与控告者敌对的阵营中。随着矛盾日益激化，直到女巫被放逐或者村庄分崩离析，持续数十年的争执才会告一段落。村民解决自身的组织问题靠的是指控别人使用巫术，以及指称遥远的阴谋在威胁他们。关于这些讨论所依据的文献的概述，可参阅以下研究

案　例：Gluckman et al.，1949；Mitchell，1956；Middletown and Winter，1983；Douglas，1970。这些案例显示了延续至今的调查传统。

出于内部政治需要，志愿性团体以实现平等为己任。它会在个人战略的压力下，将任何个人表露的野心与不平等、腐败、社会分层甚至外界惨无人道的阴谋联系在一起。对于这样一个封闭的群体，只要内部没有危机，光是以平等为己任，就足以推动潜在的意图——志愿组织就可能存活下来。不过，这种组织也容易派系丛生。派系的领导人本身就是一个威胁：要想控制住他们，一个办法是指控他们背信弃义，早已和邪恶的外界势力结盟。内部危机越是激烈，这就越符合组织的潜在目标，让所有为组织献身的成员都察觉到已经露出端倪的阴谋和灾难——只有消灭派系才能不让这些实现。如果对抗无法避免，那些已经为人们所察觉的危险，正好证明了检举和驱逐颇具破坏力的派系领导人名正言顺。（这不仅适用于志愿性团体，也适用于任何没有强制能力，或者无法为成员提供选择性收益的群体。）对类似教派的团体来说，那些被检举的叛徒首先有个大用处，那就是解释了组织为何没能实现承诺的集体利益——"这都是他的错"。这还有一个用处：通过被定罪的叛徒不断发出可怕的警告，放慢组织分裂的进程。另外，这也能提供一种说辞（主要关于免除服从的义务），以便分裂行为在必须发生时是正当的。

有观点认为，宗教派别和公社（communes）（声名狼藉的千禧年主义者，善于预言末日和厄运），以及任何政治游说团体、新兴政治运动和公共利益集团，都是最警惕低概率、高损失危险的组织——它们都无法为成员提供专门的选择性收益。成员资格越是难以维系、公共会费越是难以赚取，它们就越是想搬出宇宙阴谋那一套，揭发叛徒的罪状。这类组织潜在的目标呈现出异常严重的问题，"厄运临头"（doom-laden）式的宇宙是它运作的一部分。

这种普遍的观点可以作为一种方法，解决人们如何感知和思考低概率的问题：一般来说，人们不会如此；除非制度侧重那一方面，否则他们永远不会去感知或者思考低概率问题。人们的注意力保持在中间地带，是社会压力让它们停留在那里。同时，社会压力也在过滤人们对发生在这个世界上的事情的解释。但是，社会形态是各异的：它们解决自身的组织问题方式不同，面临的机遇也不尽相同。在一个复杂的社会中，个人竞争、等级制和志愿性团体混合在一起，决定着人们如何兼而关注迫在眉睫的天灾和人祸。与人们常说的相反，这个问题与整个社会普遍存在的剥削和不公正现象并没有多大关系。它与制度的内部组织如何编码信息有关。这里主张的情形被心理学家们进一步加强——他们总是在琢磨现实世界的可能性是如何在个人的头脑中成形的。

客观（或数学）概率与主观（或心理）概率的区别一直都是风险分析的重要内容。人们不会始终做出最大化预期收益，或者最小化预期损失的选择，即便有理由假设他们有这些目标。这种不一致（discrepancy）通常被视为认知的一个弱点。沃德·爱德华兹（Ward Edwards, 1953）发现，个体对某些概率的偏好明显异于其他概率。我们可以假定这是出于一种奇特的不合理性。但也有另一种可能：决策者在试着发挥自己相当有把握的知识——关于概率与收益在实验室那样的测试环境外是如何相互关联的。大胜总是比小胜来得出人意料。正如爱德华兹所说："通常，高额的正收益和负收益都和低概率有关，而中等收益甚至零收益常常和高概率有关。我想我可以说，这不过是一个我们所生活的世界的事实罢了。"（1954）

洛普斯（Lopes，1981）则指出，在现实世界中，个体不能指望单靠长期概率就玩得了任何游戏。长期性的理由不应该用在短期结果的决策上。

问题不只是在于有时必须做出"赌博"的决定，并且只能"玩"一次。相反，更根本的问题在于，对一个人来说，无论为了应付随之而来的大量风险而采取怎样的策略，这种策略都必须在他的"赌注"或生命耗尽之前，在有限时间之内，"取得回报"。

不妨设想一下，关于"认识"（finding）的既定习惯——比如认识到生活是由短期决定构成的，将成为某种测试环境中，个体携带的认知装置的一部分。也不妨再设想一下，其他思维习惯也是如此根深蒂固，同样受到制度环境的影响。

就个体的生存而言，可能没有什么心理过程比归纳能力更为根本。而对于归纳过程的各个部分，我们最不了解的就是它是如何发端的。是什么让我们注意到某些事情而非其他？我们所注意到的事情与我们对世界的假设之间有什么联系？（Lopes，1982）。

　　想想那些现实世界的可能性——受试者正是怀揣着它们走进了心理实验室，毫无疑问，透过他们对关于选择的问题给出的答案，我们将走进关于概率基础的基本议题。在1951年发表的《风险承担情境下选择理论的替代方法》一文中，阿罗对这些议题做了概括（见第四章）。本文没有涉及该议题。尽管小心翼翼地回避了它，但有必要提醒风险分析师们涂尔干的主张，即人们关于世界的想法直接出自社会经验。所以，关于事件的随机性和联结性（connectedness）的观念并不是独立的。关于短期的看法（究竟有多短暂），以及对概率与收益的联系的看法，二者都能追溯到人们对各种社会组织所做的承诺，以及它们当下所包含的各种经验和各种诠释。

参考文献

Adorno, T. W., ed. 1950. *Authoritarian Personality*, American Jewish Committee Social Studies Series Publication #3. New York: Harper.

Ainsworth, M. D. 1962. "The Effect of Maternal Deprivation: A Review of Findings and Controversy in the Context of Research Strategy." In *Deprivation of Maternal Care: A Reassessment of Its Effects*. Edited by M. D. Ainsworth. Public Health Papers 13. Geneva; World Health Organization.

Alexander, Richard. 1979. "Evolution and Culture." In *Evolutionary Biology and Human Social Behavior*. Edited by N. Chagnon and W. Irons. North Scituate, Mass.: Duxbury.

Allais, Maurice. 1953. "Le Comportement de l'homme rationnel devant le risque; Critique des postulats et axiomes de l'école Americaine." *Econometrica* 21:503-46.

———, and Hagen, O., eds. 1979. *Expected Utility Theory and the Allais Paradox: Contemporary Discussions of Decisions Under Uncertainty with Allais's Rejoinder*. Netherlands: Reidel.

Allison, Graham T. 1971. *The Essence of Decision: Explaining the Cuban Missile Crisis*. Boston: Little, Brown.

Allport, Gordon W., and Postman, Leo. 1947. *The Psychology of Rumor*. London: Russell and Russell.

Almond, S. A., and Verba, S. 1963. *The Civic Culture: Political Attitudes and Democracy in Five Nations*. Princeton, N. J.: Princeton University Press.

———, eds. 1980. *The Civic Culture Revisited*. Boston: Little, Brown.

Amihud, Yakov. 1979. "Critical Examination of the New

Foundations of Utility." In Allais and Hagan.

Arrow, Kenneth. 1951. "Alternative Approaches to the Theory of Choice in Risk-Taking Situations." *Econometrica* 19:404-37.

Ashby, Eric, and Anderson, Mary. 1981. *The Politics of Clean Air.* Oxford: Clarendon Press.

Back, K. W., and Gergen, K. J. 1963. "Apocalyptic and Serial Time Orientations and the Structure of Opinions. *Public Opinion Quarterly* 27:427-42.

Balkin, Steven. 1979. "Victimization Rates Safety and Fear of Crime." *Social Problems* 26:343-58.

Barber, Bernard. 1961. "Resistance by Scientists to Scientific Discovery." *Science* 134:596-602.

Barlett, Peggy, ed. 1980. *Agricultural Decision-Making: Anthropological Contributions to Rural Development.* New York: Academic Press.

Barry, Brian, and Hardin, Russell, eds. 1982. *Rational Man and Irrational Society.* Berkeley, Calif.: Sage.

Barry, Brian, and Sikora, Dick. 1978. *Obligations to Future Generations.* Philadelphia: Temple University Press.

Ben-David, Shaul; Kneeze, Allen V.; and Schulze, W. D. 1979. "A Study of the Ethical Foundations of Benefit-Cost Analysis Techniques." Working paper, Department of Economics, University of New Mexico.

Berger, Peter L. 1969a. *The Sacred Canopy.* New York: Doubleday.

——. 1969b. *The Social Reality of Religion.* London: Faber & Faber.

——, and Luckmann, Thomas. 1966. *The Social Construction of Reality: A Treatise in the Sociology of Knowledge.* New York: Doubleday.

Bernoulli, Daniel. 1738. "Exposition of a New Theory on the Measurement of Risk." Translated by Louise Sommer. Translation published in *Econometrica* 22:23-36.

Bernstein, Basil. 1971. *Theoretical Studies Towards a Sociology of Language. Class, Codes and Control, vol. 1.* London: Routledge & Kegan Paul.

——. 1973. *Applied Studies Towards a Sociology of Language. Class, Codes and Control, vol. 2.* London: Routledge & Kegan Paul.

——. 1975. *Towards a Theory of Educational Transmission. Class, Codes and Control, vol. 3.* London: Routledge & Kegan Paul.

Boltanski, Luc. 1970. "Taxinomies populaires, taxinomies savantes: Les Objects de la Consommation et leur classement. " *Revue Française de Sociologie* 11:33-34.

Boswell, D. M. 1969. "Personal Crises and the Mobilization of the Social Network." In *Social Networks in Urban Situations: Analyses of Personal Relationships in Central African Towns.* Edited by J. C. Mitchell. Manchester University Press.

Bowlby, J. 1951. *Maternal Care and Mental Health.* Geneva: World Health Organization.

Breen, T. H., and Innés, Stephen. 1980. *Myne Own Ground: Race and Freedom on Virginia's Eastern Shore, 1640-1676.* New York: Oxford University Press.

Brown, George; Bhrolchain, M. N.; and Harris, T. 1975. "Social Class and Psychiatric Disorder Among Women in an Urban Population." *Sociology* 9:225-54.

Brown, Roger. 1965. *Social Psychology.* New York: Free Press.

Buckner, H. Taylor. 1965. "A Theory of Rumor Transmission." *Public Opinion Quarterly* 29:54-70.

Burton, I.; Kates, R. W.; and White, G. F. 1978. *The Environment as Hazard.* New York: Oxford University Press.

Calabresi, Guido. 1970. *The Costs of Accidents.* New Haven: Yale University Press.

Campbell, Donald. 1975. "On the Conflicts Between Biological and Social Evolution and Between Psychology and Moral Tradition." *American Psychologist* 30:1103-26.

Campbell, T. Colin. 1980. "Chemical Carcinogens and Human Risk Assent." Special articles in *Federation Proceedings* 39:2467-84.

Cancian, Frank. 1967. "Stratification and Risk-Taking: A Theory Tested on Agricultural Innovations." *American Sociological Review* 32:912-27.

———. 1972. *Change and Uncertainty in a Peasant Economy: The Maya Corn Farmers of Zinacantan.* Stanford, Calif.: Stanford University Press.

Caplow, Theodore. 1947. "Rumors in War." *Social Forces* 25:298-302.

Carlson, J. L., and Davis, C. M. 1971. "Cultural Values and the Risky-Shift." *Journal of Personality and Social Psychology* 20:392-99.

Carter, Luther J. 1979. "Dispute Over Cancer Risk Quantification." *Science* 203:1324-25.

Chamberlin, John. 1982. "Provision of Collective Goods as a Function of Group Size." In Barry and Hardin.

Clark, W. 1977. "Managing the Unknown: An Ecological View of Risk Assessment." In Kates.

Cohen, Jonathan. 1981. "Can Human Irrationality Be Experimentally Demonstrated?" *Behavioral and Brain Sciences* 4:317-70.

Coleman, James; Katz, Elihu; and Menzel, A. 1962. "The Diffusion of an Innovation Among Physicians." *Sociometry* 20:253-70.

Crandall, Robert W., and Lave, Lester B., ed. 1981. *The Scientific Basis of Health and Safety Regulations: Studies in the Regulation of Economic Activity.* Washington, D. C.: Brookings Institution.

Dahrendorf, Ralf. 1979. *Life Chances.* London: Weidenfeld & Nicolson.

Deutsch, Elizabeth. 1982. "W. I. C. and the Vendors." Research Report, Center for Health Services and Policy Research, Northwestern University.

Dion, K. L.; Baren, R. S.; and Miller, N. 1971. "Why Do Groups Make Riskier Decisions Than Individuals?" In *Experimental Social Psychology*, vol. 5. Edited by L. Berkowitz. New York: Academic Press.

Donzelot, V. J. 1979. *The Policing of Families.* New York: Pantheon Books.

Douglas, James. 1983. "How Actual Political Systems Cope with the Paradoxes of Social Choice." In *Social Choice and Cultural Bias.* Collaborative Paper 83. Laxemburg, Austria: International Institute for Applied Systems Analysis.

——; Douglas, Mary; and Thompson, Michael. 1983. "Social Choice and Cultural Bias: A Collaborative Paper." Laxemburg, Austria: International Institute for Applied Systems Analysis.

Douglas, Mary. 1966. *Purity and Danger; An Analysis of Concepts of Pollution and Taboo.* London: Routledge & Kegan Paul.

——.1975. "Couvade and Menstruation." In *Implicit Meanings: Essays in Anthropology.* London: Routledge & Kegan Paul. Originally published as "The Relevance of Tribal Studies." *Journal of Psychosomatic Research* 15 (1971):60-72.

——, 1978. "Cultural Bias." Occasional paper 35, Royal Anthropological Institute. Republished in *In the Active Voice.* London: Routledge & Kegan Paul.

——, ed. 1970. *Witchcraft Confessions and Accusations.* Association of Social Anthropologists, vol. 9. London: Tavistock.

——. 1982. *Essays in the Sociology of Perception.* London:

Routledge & Kegan Paul.

——. 1984. *Food in the Social Order.* New York: Basic Books.

Douglas, Mary, and Gross, Jonathan. 1981. "Food and Culture: Measuring the Intricacy of Rule Systems." *Social Science Information* 20:1-35.

Douglas, Mary, and Isherwood, Bryan. 1978. *The World of Goods: An Anthropological Approach to the Theory of Consumption.* New York: Basic Books.

Douglas, Mary, and Wildavsky, Aaron. 1982. *Risk and Culture; An Essay on the Selection of Technological and Environmental Dangers.* Berkeley: University of California Press.

Downes, David M. 1976. *Gambling, Work and Leisure: A Study Across Three Areas.* London: Routledge & Kegan Paul.

Durkheim, Émile, 1933. [1893]. *The Division of Labour in Society.* New York: Free Press.

——. 1952. *Suicide: A Study in Sociology.* Edited by George Simpson. London: Routledge & Kegan Paul.

Edwards, Ward. 1953. "Probability Preferences in Gambling." *American Journal of Psychology* 66:349-64.

——. 1954. "The Theory of Decision-Making." *Psychological Bulletin* 51:380-417.

Efron, Edith. 1984. *The Apocalyptics, Cancer and the Big Lie; How Environmental Politics Controls What We Know About Cancer.* New York: Simon and Schuster.

Evans-Pritchard, E. 1937. *Witchcraft, Oracles, and Magic Among the Azande.* Oxford: Clarendon Press.

——. 1956. *Nuer Religion.* Oxford: Clarendon Press.

Farmer, F. R. 1981. "Quantification of Physical and Engineering Risks." *Proceedings of the Royal Society* (London) A376:103-19.

Festinger, Leon, et al. 1948. "A Study of a Rumor: Its Origin and Spread," *Human Relations* 1:464-86.

Fischhoff, B.; Hohenemser, C.; Kasperson, R.; and Kates, R. W. 1978. "Handling Hazards." *Environment* 20:16-37.

Fischhoff, B.; Lichtenstein, S.; Slovic, P.; Keeney, R.; and Derby, S. 1980. *Approaches to Acceptable Risk: A Critical Guide.* Oak Ridge National Laboratory for U. S. Nuclear Regulatory Commission. Washington, D. C.: U. S. Government Printing Office.

Foucault, Michel. 1970. [1966]. *The Order of Things: An Archaeology of the Human Sciences.* Translated from *Les Mots et les choses.* New York: Pantheon Books.

Fox, Renee C. 1980. "The Evolution of Medical Uncertainty." *Health and Society* 58:1-49.

Frankel-Brunswick, Egon. 1948. "Dynamic and Cognitive Categorization of Qualitative Material: Interviews of the Ethnically Prejudiced ."*Journal of Psychology* 25:261-77.

——. 1949. "Intolerance of Ambiguity as an Emotional and Perceptual Personality Variable." *Journal of Psychology* 18:108-43.

——. 1954. "Psychoanalysis and the Unity of Science." *Proceedings of the American Academy of Arts and Sciences* 80:273-347.

Frazer, C., et al. 1970. "Risky Shifts, Cautious Shifts and Group Polarization." *European Journal of Social Psychology* 1:7-30.

Fried, Charles. 1970. *An Anatomy of Values.* Cambridge, Mass. : Harvard University Press.

Friedman, M. 1957. *A Theory of the Consumption Function.* New York: National Bureau of Economic Research, Plenum.

——, and Savage, L. J. 1948. "The Utility Analysis of Choices Involving Risk." *Journal of Political Economy* 56:279-304.

Garcia, R. 1982. *Nature Pleads Not Guilty.* New York: Pergamon Press.

Garofalo, James. 1979. "Victimization and the Fear of Crime." *Journal of Research in Crime and Delinquency* 1979:80-97.

Gartrell, J. W. 1972. "Status, Inequality and Innovation." *American Sociological Review* 7:318-37.

——. 1973. "Curvilinear and Linear Models Relating Status and Innovative Behavior." *Rural Sociology* 38:391-411.

Gellner, Ernest. 1962. "Concepts and Society." *Transactions of 5th World Congress of Sociology* 1:153-83. Reprinted in B. Wilson, ed. Oxford: Blackwells.

——. 1969. *Saints of the Atlas.* London: Weidenfeld & Nicolson.

Gergen, K. J., and Gergen, Mary M. 1973. "Explaining Human Conduct: Form and Function." In *Conceptual Issues in the Human Sciences.* Berkeley, Calif.: Sage.

——. 1982. *Toward Transformation in Social Knowledge.* New York: Springer-Verlag.

Gladwin, Christine. 1975. "A Model of the Supply of Smoked Fish from Cape Coast to Kumasi." In *Formal Methods in Economic Anthropology.* Edited by C. Gladwin and S. Plattes. Washington, D. C.: American Anthropological Association.

——. 1980. "A Theory of Real-Life Choice: Applications to Agricultural Decisions." In *Agricultural Decision-Making: Anthropological Contributions to Rural Development.* Edited by Peggy Barlett. New York: Academic Press.

Gluckman, Max; Barnes, John; and Mitchell, Clyde. 1949. "The Village Headman in British Central Africa." *Africa* 19:89-106.

Gorovitz, Samuel. 1979. "The St. Petersburg Puzzle." In Allais and Hagen.

Golding, M. P. 1972. "Obligations to Future Generations." *Monist.* 56:85-99.

Gould, Stephen Jay. 1981. *The Mismeasure of Man.* New York: Norton.

Graham, Julie, and Shakow, Don. 1981. "Risk and Reward: Hazard Pay for Workers." *Environment* 23:14-20, 44-45.

Green, Colin H. 1980. "Risk: Beliefs and Attitudes." In *Fires and Human Behavior.* Edited by D. Cantor. New York: Wiley.

——, and Brown, R. A. 1980. "Through a Glass Darkly: Perceiving Perceived Risks to Health and Safety. " Prepared for the Workshop on Perceived Risk, Eugene, Oregon, Central Directorate on Environmental Pollution.

——. 1981a. "The Accuracy of Beliefs About Risk." *Atom* 295:129-31.

——. 1981b. "The Perception and Acceptability of Risk— A Summary of the Results of Work Conducted Under Contracts." Working Paper, Research Unit, School of Architecture, Duncan of Jordanstone College of Art, Dundee, Scotland.

Gross, Jonathan, and Rayner, Steve. 1985. *Measuring Culture: A Paradigm for the Analysis of Social Organization.*

Guedeney, C., and Mendel G. 1973. *L'Angoisse Atomique et Les Centres Nucléaires.* Paris: Payot.

Gusfield, Joseph R. 1981. *The Culture of Public Problems: Drinking, Driving and the Symbolic Order.* Chicago: University of Chicago Press.

Hacking, Ian. 1975. *The Emergence of Probability : A Philosophical Study of Early Ideas About Probability, Induction and Statistical Inference.* Cambridge: Cambridge University Press.

Hamilton, V., and Warburton, D., eds. Human Stress and Cognition: An Information Processing Approach. *New York:*

Wiley.

Harvey, M. 1979. *Project Summary: Improving the Societal Management of Technological Hazards.* Eugene, Ore.: Clark University Center for Technology, and Decision Research, a Branch of Perceptronics.

Hebb, Donald O. 1949. *The Organization of Behavior:* A *Neuro-psychological Theory.* New York: Wiley.

Heberlein, Thomas, A., and Black, J. Stanley. 1981. "Cognitive Consistency and Environmental Action." *Environment and Behavior* 13:717-34.

Heider, Fritz. 1958. *The Psychology of Interpersonal Relations.* New York: Wiley.

Henderson, L. J. 1935. "The Patient and Physician as a Social System." *New England Journal of Medicine* 212:819-23.

Hicks, John. 1962. "Safety First and the Holding of Assets." *Econometrica* 4:310-90.

Hogarth, Robin M. 1980. *Judgment and Choice: The Psychology of Decision.* New York: Wiley.

——. 1981. "Decision-Making in Organizations and the Organization of Decision-Making." Uncompleted draft. Center for Decision Research, Graduate School of Business, University of Chicago.

Holdren, John P.; Smith, Kirk; and Morris, Gregory. 1979. Letter in *Science* 204:564-67.

Homans, George. 1950. *The Human Group.* New York: Harcourt, Brace.

Houthakker, H. S. 1957. "An International Comparison of Household Expenditure Patterns, Commemorating the Centenary of Engels Law." *Econometrica* 25:532-51.

Hume, David. 1888. [1739]. A *Treatise of Human Nature.* Edited by L. A. Selby-Bigge. Oxford: Oxford University Press.

Inhaber, Herbert. 1978. *Risk of Energy Production.* Ottawa, Canada: Atomic Energy Control Board.

——. 1979. "Risk with Energy from Conventional and Nonconventional Sources." *Science* 203:718-23.

Jantzen, J. M. 1978. *The Quest for Therapy in Lower Zaire.* Berkeley: University of California Press.

Jaspers, J. M. F., with Colin Fraser. 1981. "Attitudes and Social Representations." In *Social Representations.* Edited by S. Moscovici and R. Farr. Cambridge: Cambridge University Press.

Jones, E. E., and Davis, K. E. 1961. *Journal of Abnormal Psychology* 63:302-10.

Kahneman, Daniel and Tversky, Amos. 1973. "Availability: A Heuristic for Judging Frequency and Probability." *Cognitive Psychology* 5:207-32.

——. 1974. "Judgment Under Uncertainty: Heuristics and Biases." *Sciences* 185:1124-31.

——. 1979. "Prospect Theory: An Analysis of Decision Under Risk." *Econometrica* 47:263-90.

Kanter, Rosabeth Moss. 1972. *Commitment and Community: Communes and Utopias in Sociological Perspective.* Cambridge, Mass.: Harvard University Press.

Kasperson, Roger E. 1980. "The Dark Side of the Radio Active Waste Problem." In *Progress in Resource Management and Environmental Planning,* vol. 2. Edited by T. O. Riordan and K. Turner. New York: Wiley.

——, et al. 1980. "Public Opposition to Nuclear Energy: Retrospect and Prospect." *Science, Technology, and Human Values* 5:11-33.

Kates, Robert W. 1978. *Risk Assessment of Environmental Hazard.* New York: Wiley.

——, ed. 1977. Managing Technological Hazard: Research Needs and Opportu-*nities.* Program on Technology, Environment and Man, Monograph 25, Institute of Behavioral Science, Boulder, Colorado.

Keagan, John. 1976. *The Face of Battle.* New York: Viking Press.

Kemeny, John G. 1979. *The Report of the President's Commission on the Accident at Three Mile Island.* Washington, D. C.: U.S. Government Printing Office.

Knott, Jack. 1982. "Incremental Theory and the Regulation of Risk." Paper presented at the annual meeting of the American Political Science Association, Denver.

Krantz, David H.; Fong, Godfrey T.; and Nisbett, Richard E. 1983. "Formal Training Improves the Application of Statistical Heuristics to Everyday Problems." Report issued from the Institute for Social Research, University of Michigan, Ann Arbor.

Kunreuther, Howard, and Wright, Gavin. 1979. "Safety First, Gambling, and the Subsistence Farmer." In Roumasset, et al.

Kunreuther, Howard, *et al.* 1978. *Disaster Insurance Protection: Public Policy Lessons.* New York: Wiley.

Lalonde, Marc. 1974. *A New Perspective on the Health of Canadians: A Working Document.* Ottawa: Ministry of National Health and Welfare, Government of Canada.

La Porte, Todd R., ed. 1975. *Organized Social Complexity:*

Challenge to Politics and Policy. Princeton, N. J. : Princeton University Press.

Lave, L. B., and Romer, T. 1983. "Specifying Risk Goals: Inherent Problems with Democratic Institutions." *Risk Analysis* 3:217-27.

Lawless, E. 1974. *Technology and Social Shock—100 Cases of Public Concern Over Technology.* Kansas City, Mo.: Midwest Research Institute.

Lee, T. R. 1981. "Perception of Risk: The Public's Perception of Risk and the Question of Irrationality." *Proceedings of the Royal Society* (London) A376:5-16.

Leontiev, W. L. 1947. "The Internal Structure of Functional Relationships." *Econometrica* 15:361-73.

Levi, Isaac. 1980. *The Enterprise of Knowledge: An Essay on Knowledge Credal Probability and Choice.* Appendix. Cambridge, Mass.: MIT Press.

Lévy Bruhl, Lucian. 1966. [1910]. *How Natives Think.* New York: Washington Square Press. Translated from *Les Fonctions mentales dans les sociétés inferieures.*

Lewis, Charles. 1982. "Giving Birth: Fathers at Delivery." In *Fatherhood: Pschological Aspects,* edited by N. Beail and J. McGuire. London: Junction Books.

Lewis, David. 1969. *Convention: A Philosophical Study.* Cambridge, Mass.: Harvard University Press.

Lindblom, Charles. 1959. "The Science of Muddling Through." *Public Administration Review* 19:78-88.

——. 1965. *The Intelligence of Democracy.* New York: Free Press.

——. 1979. "Still Muddling: Not Yet Through." *Public Administration Review* 39: 517-27.

Loftus, Elizabeth. 1980. *Memory: Surprising New Insights Into How We Remember and Why We Forget.* Reading, Mass.: Addison-Wesley.

Logan, R., and Nelkin, D. 1980. "Labor and Nuclear Power." *Environment* 22:6-13.

Lopes, Lola. 1981. "Notes, Comments, and New Findings: Decision-making in the Short Run." *Journal of Experimental Psychology* 7:377-85.

——. 1982. "Doing the Impossible: A Note on Induction and the Experience of Randomness." *Journal of Experimental Psychology* 8:626-36.

Lowrance, W. W. 1976. *Of Acceptable Risk: Science and the Determination of Safety.* Los Altos, Calif.: William Kaufmann.

MacLean, Douglas. 1982. "Risk and Consent: Philosophical

Issues for Centralized Decisions." *Risk Analysis* 2:59-67.

March, J. G., and Simon, H. A. 1958. *Organizations.* New York: Wiley.

Mars, Gerald. 1982. *Cheats at Work.* London: Allen & Unwin.

Marshall, Alfred. 1890. *Principles of Economics.* Mathematical appendix. London: Macmillan.

Merton, Robert K. 1968a. "Manifest and Latent Functions: Toward the Codification of Functional Analysis in Sociology." In *Social Theory and Social Structure,* enlarged ed., New York: Free Press.

———. 1968b. "On the History and Systematics of Sociological Theory." In *Social Theory and Social Structure,* enlarged ed., New York: Free Press.

———, ed. 1973. *The Sociology of Science: Theoretical and Empirical Investigations.* Chicago: University of Chicago Press.

Middleton, John, and Winter, E. H., eds. 1983. *Witchcraft and Sorcery in East Africa.* London: Routledge & Kegan Paul.

Mitchell, Clyde. 1956. *The Yao Village.* Manchester: Manchester University Press.

Mitchell, Robert C. 1979. "Public Polling on Nuclear Power: A Critique of Post-Three Mile Island Polls." Discussion Paper D-61. Washington, D. C.: Resources for the Future.

———. 1980a. "How 'Soft', 'Deep', or 'Left'? Present Constituencies in the Environmental Movement for Certain World Views. " *Natural Resources Journal* 20:345-58.

———. 1980b. "Public Opinion on Environmental Issues: Results of a National Public Opinion Survey." Washington, D. C.: Council on Environment Quality.

Morgan, Edmund S. 1975. *American Slavery-American Freedom: The Ordeal of Colonial Virginia.* New York: Norton.

Morin, Edgar. 1971. *Rumor in Orleans.* New York: Pantheon Books.

Morris, Louis A.; Mazis, Michael B.; and Barofsky, Ivan, eds. 1980. *Product Labelling and Health Risks.* Banbury Report, no. 6. Cold Spring Harbor, N. Y.: Cold Spring Harbor Laboratory.

Moscovici, S., and Zavalloni, M. 1969. "The Group as Polarizer of Attitudes." *Journal of Personality and Social Psychology* 12:125-35.

Myers, D. G., and Lamm, H. 1976. "The Group Polarization Phenomenon." *Psychological Bulletin* 83:602-27.

Nadel, Lynn. 1980. "Cognitive and Neural Maps." In *The*

Nature of Thought: Essays in Honor of D. O. Hebb. Edited by P. W. Jusczyk and R. M. Klein. Hillsdale, N. J.: Laurence Erlbaum.

Nagel, Thomas. 1980. "The limits of objectivity." Tanner Lectures on Human Values, edited by S. M. McMurtin. University of Utah Press.

Naroll, R. S., and Von Bertalanffy, Ludwig. 1956. "The Principle of Allometry in Biology and the Social Sciences." *General Systems* 1:76-89.

NaVarro, V. 1975. "The Political Economy of Medical Care." *International Journal of Health Services* 5:65-94.

———. 1977. "Political Power, the State, and Their Implications in Medicine." *Review of Radical Political Economics* 9:61-80.

Nelkin, D. 1974. "Technological Decisions and Democracy: European Experiments in Public Participation." Berkeley, Calif.: Sage.

———. 1981a. "Some Social and Political Dimensions of Nuclear Power: Examples from Three Mile Island." *American Political Science Review* 75:132-42.

———. 1981b. "Nuclear Power as a Feminist Issue." *Environment* 23:14-20.

Nordhoy, F. 1962. *Group Interaction and Decision-Making Under Risk.* Unpublished master's thesis, School of Industrial Management, Massachusetts Institute of Technology.

Nozick, R. 1974. *Anarchy, State and Utopia.* New York: Basic Books.

Nuclear Regulatory Commission. 1975. *Reactor Safety Study: An Assessment of Accident Risks in U.S. Commercial Nuclear Power Plants.* Appendices 1 and 2. Washington, D. C.: Nuclear Regulatory Commission.

Olson, Mancur. 1965. *The Logic of Collective Action: Public Goods and the Theory of Groups.* Cambridge, Mass.: Harvard University Press.

O'Riordan, Timothy. 1982. "Risk Perception Studies and Policy Priorities." *Risk Analysis* 2:95-100.

Ortiz, Sutti. 1979. "The Effect of Risk Aversion Strategies on Subsistence and Cash Crop Decisions." In Roumasset et al.

———. 1980. "Forecasts, Decisions, and the Farmer's Response to Christian Environments." In Barlett.

Otway, Harry J., and Cohen J. J. 1975. "Revealed Preferences: Comments on the Starr Benefit-Risk Relationship." Laxemberg, Austria: International Institute for

Applied Systems Analysis.

Otway, Harry J., and Thomas, Kerry. 1982. "Reflections on Risk Perception and Policy." *Risk Analysis* 2:69-81.

Ouchi, William G. L. 1980. "Markets, Bureaucracies and Clans." *Administrative Science Quarterly* 1:129-41.

Paige, K. E., and Paige, J. M. 1981. *The Politics of Reproductive Ritual.* Berkeley: University of California Press.

Piehler, Henry R.; Tverski, Aaron D.; Weinstein, Alvin S.; and Donaher, W. A. 1974. "Product Liability and the Technical Expert." *Science* 186:1089-93.

Plott, Charles. 1978. "On the Incorporation of Public Attitudes Towards Administrative Options." In *Risk Benefit Decisions and the Public Health.* Edited by J. A. Staffa. Proceedings of the Third FDA Science Symposium. Washington, D. C.: HEW, FDA.

Pruitt, D. G. 1971. "Choice Shifts in Group Discussion: An Introductory Review." *Journal of Personality and Social Psychology* 20:339-60.

Rawls, Joh. 1971. *Theory of Justice.* Cambridge, Mass.: Harvard University Press.

Roder, W. 1961. "Attitudes and Knowledge on the Topeka Flood Plain." In *Papers on Flood Problems.* Edited by G. F. White. Research paper 700, Department of Geography, University of Chicago.

Rogers, Everett M. 1982. *Diffusion of Innovation.* New York: Free Press.

———, and Shoemaker, F. F. 1971. *Communication of Innovations: A Cross-Cultural Approach.* New York: Free Press.

Rothman, Stanley, and Lichter, Robert S. 1982. "The Nuclear Energy Debate: Scientists, the Media and the Public." *Public Opinion,* August/September; pp. 47-52.

Rotter, J. B. 1966. "Generalized Expectancies for Internal Control Versus External Control of Reinforcements." *Psychological Monographs* 80:609.

Roumasset, James A.; Boussard, Jean-Marc; and Singh, Inderjit, eds. *Risk, Uncertainty and Agricultural Development.* New York: Agricultural Development Council.

Routley, R. 1979. "Nuclear Energy and Obligations to the Future." *Inquiry* 21:112-79.

Rowe, W. D. 1977. *An Anatomy of Risk.* New York: Wiley.

Roy, A. D. 1952. "Safety First and the Holding of Assets." *Econometrica* 20:431- 449.

Sahlins, Marshall. 1974. *Stone Age Economics.* London: Tavistock.

Schelling, Thomas. 1960. *The Strategy of Conflict.* New

York: Oxford University Press.

Schotter, Andrew. 1981. *The Economic Theory of Social Institutions.* Cambridge: Cambridge University Press.

Schrodt, Philip A. 1980. "The Political Impact of Risk." Unpublished paper.

Schulze, W. D., and Kneeze, A. V. 1981. "Risk in Cost-Benefit Analysis." *Risk Analysis* 1:81-88.

Schwartz, Thomas. 1979. "Welfare Judgments and Future Generations." *Theory - and Decision* 11:181-94

Self, Peter. 1975. *Econocrats and the Policy Process: the Politics and Philosophy of Cost Benefit Analysis.* New York: Macmillan.

Selsnick, Philip. 1969. "Employees' Perspectives on Industrial Justice." In *Law, Society, and Industrial Justice.* New York: Russell Sage Foundation.

Sen, Amartya. 1970. *Collective Choice and Social Welfare.* Amsterdam: Elsevier

——. 1977. "Starvation and Exchange Entitlements: A General Approach and Its Application to the Great Bengal Famine." *Cambridge Journal of Economics* 1:33-59.

——. 1981. *Poverty and Famines: An Essay on Entitlement and Deprivation.* Oxford: Clarendon Press.

Sewell, W. R. D. 1971. "Environmental Perceptions and Attitudes of Engineers and Public Health Officials." *Environment and Behavior* 3:23-60.

——. 1973. "Specialists, Laymen and the Process of Environmental Appraisal."*Regional Studies* 7:161-71.

Simon, Herbert. 1955. "A Behavioral Model of Rational Choice." *Quarterly Journal of Economics* 69:99-118.

——. 1979. *Models of Thought.* New Haven: Yale University Press.

Skultans, Vieda. 1975. *Madness and Morals: Ideas on Insanity in the 19th Century.* London: Routledge & Kegan Paul.

Slovic, Paul; Fischhoff, Baruch; and Lichtenstein, Sarah. 1979a. "Rating the Risks." *Environment* 21 (3): 14-20.

——. 1979b. "Which Risks Are Acceptable?" *Environment* 21 (4): 17-20.

——. 1980. In *Societal Risk Assessment: How Safe Is Safe Enough?* Edited by R. Schwing and W. A. Albers. New York: Plenum.

——. 1981. "Perceived Risk: Psychological Factors and Social Implications." *Proceedings of the Royal Society* (London) A376:17-34.

Slovic, Paul; Lichtenstein, Sarah; and Fischhoff, Baruch.

1979. "Images of Disaster: Perception and Acceptance of Risks from Nuclear Power." In *Energy Risk Management.* Edited by G. Goodman and W. Rowe. London: Academic Press.

Slovic, Paul, and Tversky, A. 1974. "Who Accepts Savage's Axiom?" *Behavioral Science* 19:368-72.

Smith, Michael D. 1979. "Hockey Violence: A Text of the Violence Sub-Culture Hypothesis." *Social Problems* 272:235-47.

Spangler, Miller B. 1980. "Syndromes of Risk and Environmental Protection: The Conflict of Individual and Societal Values." *Environmental Professional* 2:274-91.

——. 1981. "Risks and Psychic Costs of Alternative Energy Sources for Generating Electricity." *Energy Journal* 2:37-57.

Stallen, P. J. M., and Tomas, A. 1981. "Psychological Aspects of Risk: The Assessment of Threat and Control." Paper prepared for International School of Technological Risk Assessment, Erice-Sicily; Center for Technology and Policy Studies (TNO), Netherlands.

Starr, Chauncey. 1969. "Social Benefit Versus Technological Risk." *Science* 165:1232-38.

——. 1979. "Risk Benefit Analysis and Full Disclosure." Republished in *Current Issues in Energy.* New York: Pergamon Press.

Steinbruner, J. D. 1976. *The Cybernetic Theory of Decision.* Princeton, N. J.: Princeton University Press.

Stigler, George J. 1969. "The Development of Utility Theory." *Journal of Political Economy* 56:279-304.

——. 1975. *The Citizen and the State: Essays on Regulation.* Chicago: University of Chicago Press.

Stoner, J. A. 1961. "A Comparison of Individual and Group Decision, Involving Risk." Unpublished master's thesis, School of Industrial Management, Massachusetts Institute of Technology.

Strotz, R. H. 1957. "The Empirical Implications of a Utility Tree." *Econometrica* 25:269-80.

Thomas, Kerry. 1981. "Comparative Risks Perception: How the Public Perceives the Risks and Benefits of Energy Systems." *Proceedings of the Royal Society* (London) A376:35-50.

Thompson, Michael. 1982. "Among the Energy Tribes." Working paper 82-59. Laxemburg, Austria: International Institute for Applied Systems Analysis.

——. 1983. "Postscript: A Cultural Basis for Comparison."

In *Risk Analysis and Decision Processes,* edited by H. Kunreuther, and J. Linnerooth. Berlin: Springer-Verlag.

——. 1980. "The Aesthetics of Risk: Culture or Contest." In *Societal Risk Assessment: How Safe Is Safe Enough?* Edited by R. C. Schwing and W. H. Albers. New York: General Motors Labs, Plenum.

Tocqueville, Alexis de. 1966. "Associations in Civil Life." In *Democracy in America,* vol. 2. Edited by J. P. Mayer and M. Lerner. New York: Harper & Row.

Torry, William I. 1979a. "Anthropological Studies in Hazardous Environments: Past Trends and New Horizons." *Current Anthropology* 30:517-40.

——. 1979b. "Hazards, Hazes, and Holes: A Critique of the *Environment as Hazard* and General Reflections on Disaster Research." *Canadian Geographer* 23:368-83.

——. 1982. "Distributive Justice Codes and Famine." Paper presented at the 81st annual meeting of the American Anthropological Association, Washington, D. C., December 4.

Trivers, Robert. 1972. "The Evolution of Reciprocal Altruism." *Quarterly Review of Biology* 46:35-57.

Tversky, A., and Kahneman, D. 1974. "Judgment Under Uncertainty: Heuristics and Biases: Biases in Judgements Reveal Some Heuristics of Thinking Under Uncertainty." *Science* 185:1124-31.

——. 1981. "The Framing of Decisions and the Psychology of Choice." *Science* 211:453-58.

U.S. Department of Health, Education, and Welfare. 1979. *Health of Minorities and Low Income Groups.* Public Health Service, Health Resources Administration, Office of Health Resources Opportunity. Washington, D. C.: U. S. Government Printing Office.

U.S. Department of Health and Human Services. 1980a. *Health of the Disadvantaged.* Chart Book II. Washington, D. C.: U. S. Government Printing Office.

——. 1980b. Vital Health Statistics Series 10. *Selected Health Characteristics by Occupation, U. S. 1975-76.* National Center for Health Statistics. Washington, D.C.: U. S. Government Printing Office.

——. 1983. *Health U. S.* Washington, D. C.: U. S. Government Printing Office.

Vogel, David. 1980. "Coercion Versus Consultation: A Comparison of Environmental Protection Policy in the U. S. and G. B." Paper presented to the British Politics Group, American Political Science Association annual convention.

Von Neumann, J., and Morgenstern, Oskar. 1953. *The Theory of Games and Economic Behavior.* Princeton, N. J.: Princeton University Press.

Wallach, M. A.; Kogan, N.; and Bem, D. J. 1962. "Group Influence on Individual Risk-Taking." *Journal of Abnormal and Social Psychology* 65:75-86.

———. 1974. "Diffusion of Responsibility and Level of Risk-Taking in Groups." *Journal of Abnormal and Social Psychology* 68:263-74.

Weinberg, Alvin. 1982. "Nuclear Safety and Public Acceptance." *Nuclear News* 25:54-58.

White, G. F. 1952. *Human Adjustment to Floods: A Geographical Approach to the Flood Problem in the U.S.* Research Paper 29, Department of Geography, University of Chicago.

Wildavsky, Aaron. 1975. *Budgeting: A Comparative Theory of Budgetary Processes.* Boston: Little, Brown.

———. 1984. *The Nursing Father: Moses as a Political Leader.* Tuscaloosa: University of Alabama Press.

Williams, Roger. 1980. *The Nuclear Power Decisions: British Policies, 1953-78.* London: Croom Helm.

Williamson, Oliver E. 1975. *Markets and Hierarchies: Analysis and Anti-Trust Implications.* New York: Free Press.

———. 1981. "Saccharin: An Economist's View." In Crandall and Lave.

Withey, Stephen. 1962. "Reaction to Uncertain Threat." In *Man and Society in Disaster.* Edited by G. W. Baker and D. W. Chapman. New York: Basic Books.

World Health Organization. 1978. *Environmental Health Criteria, Six: Principles and Methods for Evaluating the Toxicity of Chemicals,* pt. I. Geneva: World Health Organization.

Wynne, Brian. 1982a. "Institutional Mythologies and Dual Societies in the Management of Risk." In *The Risk Analysis Controversy: An Institutional Perspective,* edited by H. C. Kunreuther and E. V. Ley. Proceedings of a 1981 summer study on decision processes and institutional aspects of risk, International Institute for Applied Systems Analysis. Berlin: Springer-Verlag.

———. 1982b. *Rationality and Ritual: The Windscale Inquiry and Nuclear Decisions in Britain.* The British Society for the History of Science. Chalfont St. Giles, Bucks, England.

Zajonc, R. B.; Wolosin, A. A.; and Sherman, S. J. 1968. "Individual and Group Risk-Taking in a Two-Choice Situation." *Journal of Experimental Social Psychology* 4:89-107.

Zola, J. K. 1964. "Observations on Gambling in a Lower Class Setting." *Social Problems* 11:353-61.

致　谢

　　我谨向罗素·塞奇基金会致以谢意，他们为这项研究的最初阶段提供了支持，西北大学则慷慨地提供了后续支持，要是没有这些支持，本研究将无法开展。我也要感谢奥地利的国际应用系统分析研究所，1981 年，他们帮助我接触到了决策论。感谢英国社会科学研究委员会，他们于1982 年 3 月带我到牛津咨询社会心理学家。感谢温纳·格伦基金会，资助我于 1983 — 1984 年访问英国和法国。

　　这些问题直接源自我和阿伦·威尔达夫斯基先前所做的工作，我当时欠下的债现在算是还清了。在罗伯特·默顿敏锐的双眼和削得尖尖的红笔的协助下，最初的研究计划得以成形。理性地思考理性问题总是很难，外子一如既往地在这方面帮助了我。

　　此外，好心的同事们还为部分文本提供了建议，他们分别是：麦克·汤普森、肯尼思·弗里德曼、菲利普·斯罗德、巴里·巴恩斯、康斯坦丁·泽沃斯、霍华德·昆路德、大卫·埃奇、洛拉·洛普斯和布鲁诺·拉图尔。我还要感谢研究助理玛丽·安妮·约瑟和安瓦尔·阿哈迪。向海伦·麦克福尔致以特别的谢意，她以娴熟的技巧和耐心，从浩如烟海的草稿中将报告汇集在一起。还非常感谢普里西拉·路易斯在编辑上的帮助和鼓励。